현대선시 · 14

현대선시Forum

현대선시·14

초 판 발 행	2025년 11월 5일
발 행 인	송준영
지 은 이	이영춘 외 53인
편 집 책 임	차영미
편 집 간 사	최규리·김덕현
펴 낸 이	고경자
펴 낸 곳	시와세계
주 소	서울시 종로구 삼일대로 30길 21, 816호(낙원동, 종로오피스텔)
전 화	02-745-7276
E-mail	poetryworld@hanmail.net
등 록	2010년 8월 24일 제300-2010-110

ISBN	979-11-85260-60-0 03810
값	18,000원

*저자와 협의하여 인지를 생략합니다.
*이 책 내용의 전부 또는 일부를 재사용하려면 반드시 저작권자와 시와세계의 동의를 받아야 합니다.

현대선시Forum

현대선시 · 14

이영춘 외 53인

시와세계

동암당東庵堂 성수性洙 대화상 찬讚

하루 낮 하루 밤 누워있다가
복숭아 꽃 지는 늦봄
한 석달 장좌불와하고
한 삼백리 산길 포행하다가
풍문에 듣자하니
동암 늙은 중
왕보살이 가져 온 능금
크게 한 입 베어 먹다가
몸 벗고
우루루 지는 꽃송이 따라
한 삼십년 사라졌다던가

달빛에 겨운 부석사
무량수전 어린
이화梨花 꽃닢 또 본다던가

― 越祖 송준영

차례

이영춘
가을 산사에서 014
귀의 외출 015
먼 산, 아주 오래된 길 016
내 안의 도피안사到彼岸寺.2 017
산사 가는 길 018

박영교
무량수전에 내리는 첫눈 020
마지막 유서 021
가시는 길 023
울릉도 · 8 024
고향 · 6 025

김추인
타카마츠의 새를 기억한다— homo poeticus 028
봄, 그 발긋거리는 것들 029
폭포 031
M 시인의 발 033
나의 수많은 '첫' 들에게 — homo aestheticus 034

김인숙
자화상 036
변온變溫 038
강 040
아직도 맡길 것이 있습니까 042
그곳엔 그들은 없다 044

김진돈
디엠지 048
불연속과 연속 사이 050
스피치수업 052
축구전야 054
세월 056

송계숙
그레이 058
살아있는 도롱뇽과 공룡화석의 간격— 흰목란이 핀 나라 059
탈출은 없다— 그레이 13 060
반달 구름 구름 코끼리— 그레이 10 061
세상의 시계는 서 있다— 그레이 7 063

양준호
벌레K 066
3초 동안K 067
숫소에 관한 명상K 068
'미안하다' 속으로 날아간 바다 069
봄 마중K— 소녀열전.34 070

송종규
식빵을 굽는 봄날의 레시피 072
공중을 들어올리는 하나의 방식 074
흰 꽃들 076
착시 077
아이스크림과 택배 078

최성익 틈 080
　　　　별 081
　　　　개미 082
　　　　야근 084
　　　　오늘도 묻는다 085

김현신 푸른 나무를 바라보았다 088
　　　　빈 페이지에 얼굴을 묻고 090
　　　　바람이 늙어갑니다 092
　　　　이팝나무 093
　　　　밤, 밤 094

박윤우 감정의 월간 보고서 096
　　　　감정공작소 폐업 공지 097
　　　　슬픔은 적립되지 않습니다 098
　　　　벚꽃 항소문 100
　　　　하찮음의 미학 101

석연경 은하의 바닷가 104
　　　　불규칙은하 정원 106
　　　　은하단의 정원 109
　　　　평행우주의 정원 112
　　　　켄타우루스자리, 반인반마의 정원 115

이상호 나무와 까치 120
　　　　마른 장마·2 121
　　　　거대한 발길 122
　　　　헐~ 124
　　　　우리 님의 고운 노래 — 소월素月 시 125

서승현 분홍, 서러운 빨강 128
　　　　숨은 손길 130
　　　　편백나무 숲에 들다 — 축령산 치유의 숲에서 131
　　　　후적벅거리다 133
　　　　만병초 사랑 135

최호남 사랑한다 138
　　　　포도주 140
　　　　매미 141
　　　　고창 142
　　　　봄 근황 143

양해연 기다리는 I 146
　　　　연약지반으로 침하가 진행 중이니 주의 바랍니다 148
　　　　가족사진 150
　　　　카푸친원숭이의 미래 152
　　　　몇 번의 여름이 지나는 동안 153

조 사 인	방황	156
	열리는 그림자	157
	왜 나는	158
	천년	159
	흘러갑니다	160
이 낙 봉	눈이 오더라	162
	이팝나무	163
	갈라진 목소리	164
	남는 者를 위하여 – 보스니아	165
	할 말이 없다	166
한 정 원	의자의 엔트로피	168
	탭댄스	170
	토트넘	172
	옥상	174
	불면은 밤에만 있는 거래	176
김 철 홍	정오의 음악회	180
	그림자 밖 그림자-2	182
	허공의 질감	183
	시시詩詩한 여행	185
	가을 음계	186
최 종 월	낙타는 무릎을 꿇어야 잠들 수 있다	190
	고요가 팽창할 때	191
	초대 받은 날	193
	금어기禁漁期	195
	먼지 한 됫박	197
최 범 석	바오바브나무에서 별똥별이 쏟아졌다	200
	별빛, 천 년을 거슬러	201
	경주 남산에 가면 부처가 된다	203
	대왕암 일출	204
	어머니와 트롯 맨	205
강 문 숙	드라이플라워	208
	단애丹涯의 노래	209
	고요의 행방이 묘연하다	210
	결탁	211
	버릇이 그릇이 되고	213
한 상 규	밤	216
	김남조 시인	217
	이상한 나라의 이상하지 않은 앨리스	218
	겨울, 12월 31일, 다시 겨울	219
	Rhyme	221

이 강 하	안압지雁鴨池	224
	반구대 암각화	226
	칸나의 해안 —장생포	227
	줄무늬 돌	229
	폭우	231
황 려 시	가시엉겅퀴	234
	지렁이	236
	서로 다른 두 개를 하나로 쓰면 어떨까	237
	미필적 호명	239
	늘어나는	240
김 덕 현	그림자 놀이	242
	My 브로드웨이	243
	박스 the 박스	244
	물위를 걷는 물고기	245
	캐리비안의 해적	246
고 영 섭	하루	248
	점심— 탄소와 산소가 연소되는	249
	살아라!	250
	중복	251
	한 점 마음	252
권 현 수	성자와 철학자	254
	어느 날	256
	백척간두	257
	지금을 찾아서 2	258
	인연	259
김 완 하	거울 속의 거울	262
	거울 속의 고요	263
	겹겹	264
	우화	265
	수평선	266
양 승 림	크로키	268
	철학은 돼지다	269
	아웃사이더	271
	피카소	272
	수상가옥	273
김 영 찬	뻐찌모텔 벽난로 위 빨간 풍차	276
	도망친 여인을 위한 입술 1잔	278
	봄의 바이로차나 Vairocana	279
	구름의 광팬狂fan	281
	찔레꽃 패스워드	282

김예강	조금 쓸쓸해지려 해요	286
	하양	288
	식물가게	290
	기계 같은 사람이	292
	무릎잠	294

윤관영	어이, 니야까	298
	옛애인	300
	소주잔 속 소주처럼	301
	소사, 복사꽃 의숙義塾	302
	금가락지	304

이영숙	미지근한 물	308
	무화과나무는 비밀이 많았다	310
	홍방울새	312
	새엄마	313
	묵념— 21세기적 참호에서	315

김혜천	색色의 무희	318
	백일의 통한	320
	돌꽃	322
	아리아드네의 실	323
	모란의 망명지	324

김진희	여기	328
	아모르 파티	330
	인드라망網	332
	고사목	334
	잠김증후군	336

최혜리	11월은	340
	핸드폰은 무음으로 대화는 눈으로	342
	강가 옆에	344
	낡은남자를 선물로 받았습니다	345
	무학시장에서	346

장대한	불렀다	350
	우물 박물관	352
	줄기	353
	갇혀 있다	354
	고리	355

이영식	무심無心	358
	바람의 자서전	359
	똥의 비밀	361
	사람의 全集	362
	깡통의 낙법	363

김미정	얼음들	366
	봄의 음악적 고찰	368
	당신은 어느 아침에 살고 있습니까	370
	가을 어학당	371
	고양이 방	373
강동완	외로움은 광부의 삽처럼 번들거리네	376
	숨소리	378
	우아한 미술관	380
	전갈의 노래	382
	기린의 몸에서 흘러나온 노을	385
최은수	이슈	390
	좀비 행성	392
	우산이끼	394
	푸른 겨울의 이유를 물었습니다 - 헌다獻茶	395
	패권을 말한다	397
김우숙	역류하는 슬픔	400
	바늘귀 건너간 별	401
	큐브	402
	괜찮아	404
	"원래 그래"라는 말	405
홍재운	난독증	408
	멈추지 않는 길	409
	반영은 반영하고	410
	우리는 모두	411
	길 밖으로	412
최규리	벽돌 빼기	414
	숲속으로 달아나는 닭을 보았지	416
	당신의 가슴과 내 귀 사이에	418
	희망 고문	419
	붕괴하는 봄	420
이점선	배추흰나비	424
	낙화	426
	시를 안 쓰는 시간	427
	그게 뭐라고	428
	풀의 속성	429
오현진	고흐의 나무	432
	밀양密陽	433
	악몽	434
	한강의 새	435
	눈사람	436

허 진 아	자유정원	438
	푸른 사과	439
	1m 앞에서 죽은 새는 우는 새	440
	나무명상	442
	나는 움직인다	443

심 우 기	사포	446
	아니다	447
	성에	448
	작설차	450
	위대한 포도	451

송　　영	열쇠	454
	찔레꽃	455
	초여름 2	456
	편지	457
	야생화	458

이 현 희	중고차 수리 공장	460
	환승	462
	답장	463
	측백나무가 있는 운동장	465
	수선화	466

차 영 미	자세라는 조각들	470
	문득	471
	아직	472
	물리적 도망 2	473
	안개밭	474

송 준 영	눈은내리고다시눈은내릴갓이고아득한눈이내린다	476
	차를 끓이며	477
	조주고불 趙州古佛	478
	한 여름날	479
	칸나	480

현대선시 Forum 우리나라 시의 표현 방법 | 송준영　　484

이영춘

가을 산사에서
귀의 외출
먼 산, 아주 오래된 길
내 안의 도피안사到彼岸寺·2
산사 가는 길

1976년 『월간문학』 등단
시집 『시시포스의 돌』 『시간의 옆구리』 『봉평 장날』 『노자의 무덤을 가다』 『따뜻한 편지』
『오늘은 같은 길을 세 번 건넜다』 『그 뼈가 아파서 울었다』 『참회록을 쓰고 싶은 날』 외
윤동주문학상, 강원도문화상, 경희문학상, 고산문학대상, 동곡문화예술상, 유심작품상특별상 외
lycart@hanmail.net

가을 산사에서

가을 산사에서 하룻밤을 지샌다
깊이 잠든 별도 쳐다보고
숲 속에서 이는 바람소리도 들으면서
큰스님의 이야길 듣는다
내 진작 어려서부터 중은 안 되더라도
절을 가까이 하면서 살았더라면
스님의 깊은 언저리라도 배웠을 것을

밤 깊어 스님은 풍경 속으로 잠들고
슬프도록 적막한 고요 속에서
나는 홀로 귀 세운 짐승처럼
어디선가 흐르는 시냇물 소리와
산이 우는 소리를 듣는다

오늘 밤은 이 산사에서 귀를 뉘이고
내일은 또 어느 곳에 가서
잠들 것인가를 생각 한다

귀의 외출

세상이 싫은 날은 산을 오른다
사람의 소리, 세상의 소리,
귀 밖으로 멀다
솔잎 새로 흘러가는 바람 소리
새들이 양말 벗고 노는 소리
꽃들이 침묵으로 앉아 웃고 있는 소리
풀잎들이 어깨동무 하고 걸어가는 소리
선승禪僧 같은 나무들이 무無의 말로 경經 읊는 소리
어느새 하늘이 걸어 내려와 내 손목 잡고
산 능선을 넘는다
천지가 온통 한 몸이다
내 귀가 환하다

먼 산, 아주 오래된 길

어둠 속을 걸어가는 한 스님을 보았다
달빛이 그의 발목에 감겼다
산 그림자가 그의 어깨에서 출렁거렸다
먼 산동네에서 개 짖는 소리는 들리지 않았다
어둠이 그를 지웠다

어제 떠나온 길
오늘 떠나갈 길
내일 돌아가야 할 길

길 위에서 지워지고 있었다
그의 그림자가 없다
발자국이 없다
텅 빈 길 위에
눈이 내렸다

내 안의 도피안사到彼岸寺·2

내 마음 속에 사는 스님들의 궁터,
도피안사 한 채 세운다
구름 속 같은 거기,
그 궁전에서 잠들고 싶다
무심히 떠 흐르는 구름 끝자락을 붙잡고
살아온 날들과 살아갈 날들이
부끄러워, 무거워 낯 붉히는
심장 한 조각,
소지 올리듯 검은 불티로 둥둥 떠
저 피안에 이르는
길을 묻는다
무無에서 무無로 가는 길을 찾는다

산사 가는 길

풍진 세상을 건너가듯 구불구불 산굽이 돌아 오른 길
노스님 한 분 세상 지팡이 버리고 적멸에 들듯
돌탑들 합장하며 서 있다

바람의 숨결 몰고 온 속 깊은 세상 사연들
돌탑 속에서 연꽃으로 피어난다

어디선가 연꽃잎 같은 가랑잎 한 장 날아든다
천상의 불계, 붓다의 혼령인가
적막이 길을 비켜 선다

사바세계에서 지고 온 죄의 덩어리 하나
나도 가만히 돌탑 위에 올려놓고
허리를 굽힌다

박영교

무량수전에 내리는 첫눈
마지막 유서
가시는 길
울릉도 · 8
고향 · 6

1975년 『현대시학』 시조(이영도) 등단
시조집 『가을 寓話』 등 13권, 평론집 『문학과 양심의 소리』 등 5권
수상 제1회 중앙시조대상(중앙일보, 신인부문), 한국문학상(문인협회) 외
kyo4301@hanmail.net

무량수전에 내리는 첫눈

싸락눈 내리는 부석사 경내에는

늦저녁에도 환한 불빛이
배흘림기둥마다 켜진 느낌

수 만평
고요가 밀려오듯

겹쳐 엎드려 잇는 사바세계

한 때 나는 머리 깎고
절寺로 갈까 생각을 했다

야픔도 그리움도 사라질 것 같아서

탑기단塔基壇
걸터앉아서

그때 그 생각 그립다

마지막 유서

정도正道를 지켜 살았는가?
나는 마지막 유서를 쓴다

살아온 길 위에 서서
뜨거운 목줄을 걸고

내리는
산그늘을 타고

나 또한 어둠에 젖다

자다가 깨지 못하면
어쩌나 떠날 준비는

유유히 사라져 가는
내 목숨에 불을 붙여

이 한밤

어둠을 밝혀

다 태우고 떠나고 싶다

가시는 길

어머니 어디까지 가시고 계십니까?

강 건너 들길 걸으며 지난 아픔 열고

당신의 목소리 익히는
자식들이고 싶습니다.

가시다가 쉬고 싶거든 어디든 앉으십시오.

그리워 보고 싶은 사람들 있거들랑

떠나도 떠나지 못하는
아픔이라 하세요.

울릉도 · 8

그대

사랑을 모르거든
가슴을 앓아보아라

그대

눈물을 모르거든
외롬을 앓아보아라

진실로
그리움 모르거든

절도 絶島 멀리 앉아보아라

고향 · 6

달빛이 그리워서

밤 뜰에 내려 서면

내 마음은 고향 하늘

달빛 함께 젖어 들고

기러기

울음소리엔

그리움만 도는 하늘

다시 꽃으로 태어나

나는 죽어서도 조용한 목련화로 필래요.

어디서 보아서도 부유한 모습으로 핀

그리움 한 아름 안고 가슴 터지듯 필래요.

김추인

타카마츠의 새를 기억한다 – homo poeticus
봄, 그 발긋거리는 것들
폭포
M 시인의 발
나의 수많은 '첫' 들에게 – homo aestheticus

1986년 『현대시학』 등단
시집 『모든 하루는 낯설다』, 『행성의 아이들』, 『해일』 외 다수
제9회 한국예술상과 제7회 한국서정시 문학상 수상
cikim39@hanmail.net

타카마츠의 새를 기억한다
  − homo poeticus

우리가 그곳에 당도했을 때

바다는 일제히 새를 날렸다

나오시마 물결을 박차고 오르는 새떼들

은전銀錢잎 같은
은사시나무 이파리 같은
팔락이며 까불치며
햇살 속으로 날아오르는

한 판 빛의 퍼포먼스*

눈이 부시어 새의 발목을 보지 못했다

---

* 태양 빛이 공기 중 작은 입자들과 충돌하여 해수면의 빛이 사방으로 방출되는 산란현상.

봄, 그 발긋거리는 것들

무희들이 돌아올 시각이다
이정표 하나
안전표지 한 조각 없이
무사 귀환할 수 있을까
하늘빛도 물빛도
파릇한 옹알이 눈치챘지만
자고 깨면 새로 당도한 풋것들의 북적거림에
덩달아 마음이 뜬다
취재라도 하듯
카메라를 치켜들고
봄의 경계를 쑤셔보지만
번번이 그들 착지시점을 놓친다

푸른 드레스 밑 흰 맨발이 보고 싶다
한밤중 세상의 잠 속을 빠져나가
가만가만 서로를 부르는 소리 듣고 싶다
오늘밤 눈꺼풀 아래 초막을 치고 엿보면
푸른 족속들 흰 발꿈치가 보이지 않을까
춤추는 토슈즈 얼핏 드러나지 않을까

발 치고 울타리 치고

제 살비듬 하나도 들키고 싶지 않던 여자가
웬일로 웬일로
철 이른 뜰 앞에서
스륵 치맛말을 내린다
꽃무덤 둘, 라일락 꽃숭어린가 싶은데
깜박깜박 커서 비슷한 것이 뜨고 있다
내부로 가는 여자의 통로가
좀씩 열릴라는지
어쩔라는지

폭포

물의 변주를 엿본 적 있네
제 형상을 풀어도 그 빛을 잃지 않는
물의 변환을
물길 이야기를 따라간 적 있네

어느 가난한 처마 밑 이야기며 들창 아래서 엿들은 사랑의 구음까지
풍문처럼 실어 보내고 싶어
앞개울은 저리 도란도란 거리나본데 수런수런 합치나본데

몸을 바꾸는 물의 변주를 아네
개울이다가 개천이다가 봇도랑 너머서부터
제 깊이를 지우고
무논이든 묵정밭이든 목숨 길을 튀우다
그만 남의 목숨이 되기도 한다는 걸

세상의 변방을 오래 쓰다듬어 본 자의 결단일까

에둘러 온 거리도 덧쌓은 시간도 일시 멈춘
강물의 벼랑 끝 일초
극한의 긴장을 툭— 끊고 뛰어 내리는 저기 저 눈부신 낙하를 봐
물이 물을 받으며

몸이 몸을 받으며

허공중에 비명碑銘처럼 써 내리는 수직의 문장 한 쪽

말을 버린 사람의 눈이 그 푸른 벽을 읽고 있네
행의 마지막을 치장하며 튀어오르는 포말들 물비늘들 은어의
몸짓으로 읽히네만
무지개 뜨는 생의 한때는 누구에게도 잠깐이어서
이윽고 바다에 이르거나
뉘 발가락을 적시거나

M 시인의 발

그녀를 생각하면
제일 먼저 발이 떠오른다
무슨 보오얀 외씨버선발처럼 작고 귀엽던

발가락 하나 하나마다
오려 붙인 것 같은 발톱이 투명했다
자르르 늘어뜨린 은발찌도 요사스러웠는데
발찌로 멋을 부렸다는 인도 거지 이야기를
그녀는 아이처럼
헤헤대며 재밌게 했다
사금이 쏟아지는 듯한
그녀의 빠른 목소리를 듣는 중에도
하얀 발을 두 손으로 모아쥐고 입맞추는
중세의 기사가 자꾸 떠올랐다

그녀를 생각하면
차암 이상타는 생각이 든다
광기의 짐승 한 마리 키우고 있는 그녀와
액세서리같이 작고 예쁜 발을
양말 속에 숨기고 다니는 그녀와

나의 수많은 '첫' 들에게
— homo aestheticus

마지막 완결의 시는 아직 닿지 않았다
이문인가
저문인가
낯선 문 앞에서 서성거릴지도 모를 일

아직은 땡볕 속을 걷고 싶고
귀신 들린 듯 미학의 주변을 기웃대는 난
현생의 불꽃
먼지의 불티들 날린다 해도
'마지막' 이란 말 아직은 금기이다

'첫', 접두사는 언제 들어도 고결
첫눈, 첫 입술, 첫 남자, 첫걸음
아흐, 내 최초의 첫 원고지,
첫사랑일 듯 글썽이며 돌아보는 기억
마지막이란 보통명사를 접수치 못하는 난

나의 수많은 '첫' 들에게
결코 지우개를 내 주지 못한다

김인숙

자화상
변온變溫
강
아직도 맡길 것이 있습니까
그곳엔 그들은 없다

2012년 『現代詩學』 詩 등단, 2017년 『시와세계』 評論 등단
시집 『먼 훗날까지 지켜야 할 약속이 있다』
2020년 제5회 한국비평학회 학술상 수상
haiku@naver.com

자화상

사실, 최초의 사물은 분명
인간을 주축으로 삼았을 것이지만
사람은 지금도 자신을 이루고 있는 설계도가
어떻게 생겼는지 모르고 있다

그래도 사람들의 관심을 끌어 보려고
온몸이 번쩍번쩍 빛을 발하도록
얼굴엔 팩과 영양크림으로 광을 내고
오십 견인 어깨는 날개옷으로 덮었지만
백내장 수술을 한 두 눈은
잠자리 테 안경으로 가려도 시야가 깜박인다

절뚝거리는 걸음은 자세를 기억하고
중심을 잡느라 몸을 꽉 붙잡는다
구멍이 숭숭한 뼛속에 근심이 차오른다

온 세상을 내 것처럼 활보하다가
빛도 향기도 바닥난 소박데기
헐거워진 목젖 사이로 쉿소리가 난다

칭칭 휘감은 머플러가 주름을 안고 돈다

허물을 벗고 변신한 소박데기 품으로
찾아든 사내는 지독한 근시안이다

변온 變溫

나는 버드나무 잎에서
바람의 기미幾微로 떨기도 했고
이슬방울보다 무겁게 옥수수 잎에 달라붙기도 했어
쪽빛 옷이 싫증나면 갈색으로 물들이고
계절 따라 푸르거나 붉거나
남극점에서 북극점으로 마치
카멜레온의 눈동자처럼 돌아다니기도 했어
앞뒤가 전혀 다른 나를 보고 사람들은
눈 속에 독이 번쩍인다고 피하고
입에서 나온 말들은 전부 칼이라고 도망쳤어
발 빠른 발자국엔 검은 달빛이 고였다고 놀랐어
때론 고요한 눈동자라고
만상을 깨친 수도승의 참선 자세라고
두 손을 모은 합장으로 대했어

그러나 나는 종횡무진
사방팔방으로 휘젓는 팔다리가 있어
평화로운 풀밭을 날아오르면
때론 춤이라고 오해를 받기도 하지만
나는 그런 오해를 즐겨
그러나 나의 지치는 춤, 점점 가라앉아

그건, 다 변온(變溫)때문이야
몸 빛깔을 자유롭게 바꾸고
긴 혀로 먹이를 잡아먹는다는 것을
기상캐스터들은 아는 듯 말하지만
나는 사실 아무도 모르는 나비효과야

강

가난한 사람들은
하나둘 강으로 몰려든다.
인도의 갠지스강은 이미
신의 반열에 오른 지 오래되었다.

가난한 사람들은
강 옆에서 물처럼 살고 싶어 한다.

물은 변하지 않는 계급이다.
한 번도 역류하거나
높은 쪽으로 흐른 적 없다.
물 옆에 앉아 있다 보면
제자리라는 곳이 얼마나 힘겨운 곳인 줄 알게 된다.

물을 신으로 모시는 사람들
아니, 강을 신이라 여기는 사람들
썩은 신도 악취 나는 신도
마다치 않는 사람들

물속에서 죽은 자의 여비旅費가 건져지고
죽은 자에게서 얻은 동전 몇 닢으로

하루의 끼니를 때우는 사람들

맨발로 강을 뒤집는 아이들
늘어선 까마귀발
강을 뚫지 못하는 그들이
제자리로 흐른다.

아직도 맡길 것이 있습니까

전당포 앞에서 시성이는 당신은
아직 맡길 것이 남아 있다는 뜻이다

무엇을 맡기는 일엔
어느 한쪽의 무엇이 더 무겁거나 가벼워야 한다
도시의 어느 구석에선 아직
반전의 기회가 기다리고 있다
반전은 일할타자가 친 적시타 같은 것이거나
인저리타임을 깬 역전골 같은 것이라고 믿겠지만
기회는 일할이고
절망은 구 할을 차지하고 있다

몇 겹의 철창을 친 전당포라는 곳은
따진다면 철창 밖은 일할의 세상이고
철창 안은 구할 들의 보관소이다
그 중에 수수료는 또 몇 프로쯤 되나

살얼음판인 머리끝은 부서질 듯 하고
하늘의 푸른 심줄을 당기는 심정이랄까
바싹 줄어든 햇살에 걸까
아니면 밤의 어둠에다 걸까를 고민하는 사이

내 등을 젖히고 전당포 문을 먼저 밀친 사람,
잔기침을 토하며 빈 지갑을 흔들어 보인다
동전들이 후드득 떨어지며
말발굽소리를 낸다

그때 휴대폰이 울렸다
어머니의 부음 이었다

그곳엔 그들은 없다

가장 낮은 곳일수록
그곳은 좁고 더러웠다

도시가 토해낸 부대낌은
지하도를 빠져나와 사막까지 퍼졌다
시간이 멈춘 대학로와 고시원엔
대학생도 고시생도 없었다
빌딩 숲엔 마리오네뜨의 인형처럼
그들을 조종하는 장막 밖이 숨어있었다

지하철 승강장은 지난밤 축제에 지쳐 있었다.
비켜 앉은 술병들은 계속 졸고 있었다

악취 나는 노숙자의 프라이버시는
수초처럼 썩을 줄 몰랐다
전동차가 부려놓고 가는 바람은
자지러지는 기침을 재촉한다
그들은 일어날 줄 몰랐다

끝내 눈은 오지 않았다
그들의 시간은 제 안으로 흘렀고

많은 모닝콜이 한바탕 울렸다

네온이 흩어지는 건물 사이로
밤은 헐겁게 흩어지는가
구원은 여전히 충전 중이라는 듯
깜빡깜빡 점멸을 반복하고 있다

있다고 믿는 곳에 그곳은 없다

김진돈

디엠지
불연속과 연속 사이
스피치수업
축구전야
세월

2011년 상반기 『열린시학』, 『시와세계』 시 등단
저서 『그 섬을 만나다』 『아홉 개의 계단』
woonjed@hanmail.net

디엠지

금지된 장벽에 걸린 것은 발걸음뿐일까 전갈도 없이 꽃잎과 새도 자유롭게 넘나들고
구름과 바람과 눈보라도 넘나드는데

가지도 없는 석양이 검은 뿌리를 길게 뻗어낸다
하얀 건물과 코발트색 건물의 경계를 넘어

지구상에 유일하게 남은 분단국가 한반도, 시스템의 그물도 금지된 장벽에 걸려있다

그래, 바람의 껍질 속에서 꽃을 피워낼 때면
흔드는 바람에 단단한 퇴적층도 한 조각 한 조각씩 떨어져나갈 때
귓가에 떨어지는 바람의 전갈

지평선 너머, 노을은
형형색색인 관계의 평정심을 게워낸 것일까
끊어진 장벽을 잇는 은하수 다리일까

바람이 떨어뜨린 디엠지의 씨앗은 자라면서

그래, 아침이면 해가 떠오르듯 오랫동안 금지된 남북의 긴 장벽,
못하나 박힌 심장에 하얀 눈이 펑펑 쏟아질 때면

흔적도 없이 사라질까

여기의 장벽은 애초엔 없었다고
그렇게 청춘은 지나가고 있다고, 사방의 나무와 풀들이 절규하듯
떠는 듯

말발굽 소리를 내며 벼랑길 팔부 능선을 오르는 여름기세에
여름의 심장 속에 한 씨앗을 키워낼까

불연속과 연속 사이

학창시절, 비포장도로를 달려 고향에 내려가는 게 즐거움이었지 주말이면
여백으로 희뿌연 먼지를 안고 몇 개의 고갯마루가 눌려 있다가, 저 멀리 연기 피어오르는 마을이 눈에 도착할 때

옥수수밭은 뭉클해진다

황금들판으로 돌아오는 고추잠자리 앞서가는 마음의 동네어귀
어머니, 하고 부르면 대숲 아래서 환하게 반기시던

그래, 오느라 고생했다

이제, 하루에도 여러 차례 도착하는 버스, 부모와 동네사람의 왁자지껄하던 과거의 흐릿해진 기억보따리를 내려놓지만 하차하는 것은 흔들리는 바깥이다 마을회관의 아스팔트가 애썼구나
그 때 대화했던 시야는 없는데 그 때의 기억을 꺼내는 착각, 불연속과 연속 사이를 오고가는 버스는 접경의 연결고리인가

바람의 주변은 떠났는데 한 박자 늦게 도착한 당신

고향의 닫힌 문을 걷어내자, 오랜 시간 고여 있던 바람이 잠시 흔

들릴 뿐, 반기는 사람도 없고 아무런 물음표도 없다 어머니 저 왔어
요, 하는 떨림에 기억의 대숲 같은 대숲만이 바라보고 있을 뿐

  누렇게 익은 들판에서 곡선을 그리던 고추잠자리, 마른 나뭇가지
끝에, 가을햇살 한 조각을 밟고 서 있다
  수 백 년 동안 마을의 연속을 지켜본 소나무숲 사이, 우리는 불연
속으로 부모님산소에 앉아 있을 때, 열려있는 허공으로 피어오르는
하얀 당신

  그래, 멀리서 오느라 고생했다

  과거와 현재를 하나로 잇는 황금들판의 바깥, 뭉게구름을 꺼내는
후대의 촉감, 과거의 풍경 속을 걷는 한 폭의 기억
  여기, 아무 것도 없는데 아무도 없는 것이 아니구나

스피치수업

말의 귀는 태도 앞에 있다

거기에는 생명도 있고 살기도 있지 말이 말을 따라가는데 변론을 잘하는 말은 본질 앞에 있는가 살아 있는 독처럼 떨어진 오해는 찾아오는가 말도 토닥토닥하며 여백의 종횡이 있어야 대화지 어제와 결별한 말이 뇌수를 갉아먹는데

사면의 창 안에서 스피치 틀이 달그락거린다

생각이 극치면 본질만 남는다는데 말은 그의 형상이라는데 과잉을 빼고 또 빼면 단단해지는가 말과 말이 서로 꼬리를 무는 음양처럼 흐름이 필요해 이제 사람이 될 시간이야 우리는 어디쯤에서 텅 빈 말에 걸리는가

말의 흔적은 서 있다

한 번의 발산을 위해 수백 번을 준비하는, 말투는 마음의 한 인상이니 진심의 얼굴인가 발표불안의 외나무다리에서 서성거리는 말이 휘청거린다 중후함은 경솔함의 뿌리며 고요함은 조급함의 우두머리가 된다* 대립항 꼬임처럼 서로 연결되어 있지 듣는 입이 열리면 길이 열린다는데 말에 우열은 없지 화난 뒷면은 할 말이 없는데 무슨

* 重爲輕根 靜爲躁君,

말이 기다리는가

　떨어진 입은 주위를 맴도는가, 돌아오는가 아니

　말하기 전 부족해지는 입, 발가락을 뱉은 말은 흔적이 없는데 그 파장은 나이테로 남는다 스피치훈련은 말의 뿌리줄기다 튼튼해진 자양분은 어디로든 날 수 있지 빗방울이 출구를 놓치듯 습관적으로 새어나온 말은 창문틀에 걸리고, 정제되지 않은 버들가지처럼 팔랑거리는

　구부리면 온전해진다*

　바닥을 보고 형식이 없는 그늘, 본디 말없이 가르치는 것이 미래의 나침판인가 곡曲과 전全은 상호관계 속에 온전한 방향으로 나아가려는 자세인가 스피치는 연애라는데 지극한 말은 쇠와 돌도 뚫는다는데 그래, 자신의 무늬를 모르는 입이 있지 모두에게 옳은 화법은 있는 걸까 있는 그대로 보지 못하는 굴절이 뇌 속에 있지 취향에는 각자의 고유함이 있으니까 입 안에 어떤 말이 나올지 모르는 태도가 웅성거리는

　성형한 말이 쏟아져 나올 자세다

---

* 曲則全 ...老子『道德經』

축구전야

코로나로 균열되는 계단은
각자의 일상을 의심하지 오래된 자세처럼

오고가는 이가 드문 도심
새는 날개를 폈다 접으며, 새파랗게 펼쳐놓은 허공

거기엔 네가 있고 내가 있고 우리가 공존하지

공원벤치의 고통을 둘둘 말은 낙엽
둥글게 감은 침묵을 공처럼 떨어뜨리며 굴러가는 바람

거친 몸싸움의 한 골, 거기엔 뒤통수의 간격이 있고 불편한 허벅지의 불안이 있다 골에는 스트레스가 엉키어 있고 공허한 바람이 엉키어 있지 고정된 팔꿈치 같은 어둠이 있고 한 골 속에 압통점이 있지

오고가는 이가 드문 도심
배달오토바이 굉음소리가 둥글게 거리의 옆구리를 굴러갈 뿐

코로나로 균열되는 계단은 각자의 일상을 의심하지 오래된 자세처럼, 사각의 공간에 담긴 치맥, 먼저 한 골을 목구멍에 넣고 시작하

는 방식이다 둥근 접시를 가족 앞에 놓고 공처럼 둥글게 뭉친 주말 저녁은 투명한 걱정이다

　거기엔 네가 있고 내가 있고 우리가 공존하지

세월

시간 속으로 쭈욱 뻗은
가늘고 긴

허공을 향한 낚싯대
처음부터 낚싯줄은 없었다

무심처럼 기척에도 기척이 없는

송 계 숙

그레이
살아 있는 도롱뇽과 공룡 화석의 간격—흰 목련이 핀 나라
탈출은 없다—그레이 13
반달 구름 구름 코끼리—그레이 10
세상의 시계는 서 있다—그레이 7

2022년 『예술가』 등단
ybf10ks@hanmail.net

그레이

어디, 별똥별이 끌고 온
승냥이 눈썹이 타버린 돌 광선에
기억이 물린 번뜩이는 우물 속 같은 불안 컵 안에
담겨 있는 길고 긴 시간이 끌고 온 구름 소용돌이
나뭇가지 사이 잡을 수 없는 하늘이
억 만년 자는 잠에 떨어진
검은 돌이. 외침을 잃은 승냥이 회색 눈이. 컵
안에 담긴 어둔 골목 안 고양이 울음 같은 내일이
흘러내리는 흘러내리다 튀어 솟구치다 쌓인
재. 억만년 전에 살던 눈물
지워진 손금 막다른 골목에 별이 묻혀 온
발자국. 검은 눈 떨어진 잎에 꽉 찬 겨울밤
소리 없는 소리가 가지에 붓칠하는
흔들리는 눈싸라기들 당황하는 그리움
차디찬 컵에 담긴 이어지는 재의 퇴적 내리고
내리는 회색 눈. 주름에 갇힌, 어디

살아 있는 도롱뇽과 공룡 화석의 간격
―흰 목련이 핀 나라

  4월에 지구가 울고 있다 명왕인가 천왕성인가 누가 하얀 슬픔을 띄우는지 가지들이 흰 가시관을 지구 허리에 두르는지 예고 없이 땅에 하얀 눈물이 떨어진다 슬픔과 눈물은 별개,
  차디찬 깊은 밤 흰 눈물이 질펀하다 가는 것이 슬퍼서 우는지 동이 틀 때까지 강변에 하얗게 퍼 올린다 서정시와 도시시의 간격 큰 바위와 해변 모래의 간격 옹달샘과 바닷물의 간격 산자와 죽은자의 간격 살아 있는 도롱뇽과 공룡 화석의 간격만큼 슬픔과 눈물의 간격이 살아 있네 어제 눈에 모래가 들어가 나는 울 것이다 바람이 눈에 들어가 울었다 눈물이 나온다 어딘지 모르는 곳에서 시작된 4월 만지는 곳마다 눈물을 흘린다 혜왕성도 울었다 지구도 운다 수성도 울 것이다 눈물은 바람에 약하다 슬퍼서였는지 물어볼 길 없다 더 먼 그곳에도 하얀 눈물 예고 없이 땅에 떨어졌는지 젖은 신발이 묻는 질문과 해답은 별개, 가버린 바람이 흐르는 눈물의 길이를 재어 그것의 이쪽 끝과 저쪽 끝 가까운 듯 별개인 듯 집착하는 오래된 눈물 다섯 닢 머나먼 그곳에도 떨어졌나 하얀 눈물이 죽음처럼 땅에 떨어져 높은 산에 아파트 마당에 우뚝 서서 떨어져, 막 다녀온 별도 울고 있는지 4월이 우네, 울고 있네 눈물은 계단 뒤에 몰래 숨어 있지 않네

탈출은 없다
—그레이 13

너를 넘어 마리나를 넘어 문을 넘어 병을 넘어 말을

넘어 생각을 넘어 이곳을 넘어 잠긴 문

마지막 문을 닫고 선 자를 넘어 구름이 멈춘 평화를 넘어

보이지 않는 보이는 시간을 넘어 투명한 병을 넘어

잠긴 문, 보이지 않는

반달 구름 구름 코끼리
―그레이 10

고양이는 고양이고 나비는 나비고
푸른 코끼리는 푸른 코끼리
피자는 피자다
날아간다
피자에서 피망이
토마토가 햄이
접시가 날아간다
날아간 접시를
머물게 하자 우주에
도우는 둥근 우주
머물게 하자
머물러 꿀 먹는
나비 눈에
분꽃 얼굴에

푸른 코끼리 리가 떠난다 끼가 떠난다 코가 떠난다 사라진
푸른 코끼리 있는 푸른이 없다 코가 아니다 ㄱ가 떠난 ㅋ은

주먹을 쥔다 아기가
갇힙니다 아기 손에
낮달이 갇힙니다 손금이 사라진

푸른 분꽃이 하늘을 타고 갑니다

눈사람은 눈사람이 아니고 고양이는 고양이가 아니고 푸른 코끼리는 푸른 코끼리가 아니고 나는 내가 아니고

타고 갑니다 구름이 사라진 푸른 코끼리를

세상의 시계는 서 있다
—그레이 7

깊은 숲에서 헤어진 것 같다 잡화점 벽 오래된 시계는 죽어있다

과거와 현재가 혼재된 곳 나미야 잡화점*을 닮은 곳 강남역 영풍문고 2층 맞은편 성업 중이다 평화 다방이, 태평하게

우리는 돌의자에 앉아 방금 전송된 흥미진진한 문자를 보다 계속 전송되는 격렬한 그들의 논쟁을 바라보다 순간 나를 잊어버리다 우리의 논쟁을 놓치다 눈앞에서 꼭 잡은 너의 손을 놓치다
   기둥에 걸린 죽은 괘종시계 나를

놓치다 지루해진 의자가 엉덩이를 밀쳐내다

두꺼운 패딩을 입은 사연이 골목에 내려 쌓이다 닫힌 골목이 밀봉한 사연을 물고 아나콘다처럼 동굴에 들어가고

목이 메인 잔이 사라진 너에게 검은 커피를 따른다

숲은 여러개 숲은 깊은 것으로 숲은 험하게 어둡게 어둠으로 들어오는 문은 여러 개 숲속에 길은 여러 갈래, 어디에나 문 어디에나 길, 이런 설정으로

---

* 『나미야 잡화점의 기적』: 히가시노 게이고의 장편 소설

〉
　몇백 년 전 동굴 숲으로 이동했을까 너의 냄새를 찾다 입이 맥脈을 흘리다 후각이 탐색하다 논쟁이 가지를 부러뜨리다 열띤 잎이 물을 마시다

　길 잃은 숲에 손을 넣어 너의 손을 잡으려
　죽은 이파리가 부르는 숲

　서 있다 그 숲, 시계는

양준호

벌레K
3초 동안K
숫소에 관한 명상K
'미안하다' 속으로 날아간 바다
봄 마중K— 소녀열전.34

1981년 『시문학』 등단
시집 『기지촌의 수족관』, 『푸른 손금의 페르소나』, 『비 오는 세상, 풀잎은 비의 꿈을 꾼다』 외 7권
평문 「심산의 귀환과 문업」 「시의 다양한 손짓과 기상」 외
skybe1493@naver.com

벌레K

풀잎에 앉아, 어른거리는 내 눈앞 벌레는

씹어대며 꽃술을 질근질근

연다 피 윙윙거리는 사월의 흙가슴을

나비 떼들이 팔랑대던

가파른 비상

누이,

그

3초 동안 K

사형당한 파도의 추억은 잊기로 하자

적으며 피묻은 방명록에 들새같은 숨소리를

3초 동안 나는 울었다

꽃잎을 뜯어내면 꽃잎 하늘을 뜯어내면 하늘

그것은 허위고발이라구요

어머니는 아이떼를 몰고 어둠의 산을 넘고 있었다

잠들까

여기 훨씬 좋다 그지

기대치

이상

숫소에 관한 명상K

시인의 이름으로 꽃을 좇는다
시인의 이름으로 꽃을 좇는다
몇 해이던가 새가 울고 간 날이 몇 날이던가 또
지구
지구
옥상에선 빨간 꽃의 울음 익어가던 날
꽃 그쳐라
먼
바다
파도는 숫소를 뒤쫓고 있었다

그날 그 소의 폐부엔

울먹이는

그림자, 하얀

'미안하다' 속으로 날아간 바다

거듭제곱 검은물떼새 미안하다 미안하다 날아가 버린
버리고 거칠어진 야생마 주검은 바람을
밤새 소리 죽여 꽃 흐느끼며 울부짖던 날

멍하니 노을을 보던 그 눈동자 텅 빈 눈동자, 도솔천에는 그런 눈동자를 가진 사람들이 살고 있다고 한다[*]

꽃발게 피신한 돈증보리頓證菩提의 내부로
사라져 갔는데 누이의 빨간 꽃잎 이야기는
처녀자리는 도시의 밤 또 어느 하늘에 떴나

도솔천으로 가거라. 이 욕계는 너의 눈동자가 어울리지 않는다[*]

오늘도
무심 무심한 하루
하마 구문口吻의 부르튼 서아프리카
타칭 분수의 레퍼토리 푸른 사자상을 몰고 갔다

십분전 그늘

새벽꽃은 이미 지고

---

* 이재호, 인간의 눈

봄 마중 K
― 소녀열전.34

그래 모든 것은 빗방울의 장난이었어

이
  새
    벽

소녀의
젖가슴을 살짝 비추던 날

창 밖에선
피노키오 불타는

초조히 빗방울을 기다리고 있었다

아 무적은 언제쯤 오는가

송종규

식빵을 굽는 봄날의 레시피
공중을 들어올리는 하나의 방식
흰 꽃들
착시
아이스크림과 택배

1989년 『심상』 등단
시집 『그대에게 가는 길처럼』 『고요한 입술』 『녹슨 방』
『정오를 기다리는 텅 빈 접시』 『공중을 들어올리는 하나의 방식』
jksong0914@hanmail.net

식빵을 굽는 봄날의 레시피

이 이스트는, 이 반죽은,
누가 방금 던져 놓고 간 내 미래 같아서
나는 괜히 수줍고 두려워 그 보드라운 속살에 코를 갖다 대거나
손가락으로 찔러 보기도 하지만

이 이스트는, 이 반죽은,
누가 방금 보내 온 눈사람 같기도 해서
나는 괜히 슬프고 두근거려 차양을 치듯 얼굴을 가리거나
흘러간 노래를 흥얼거려 보기도 하지만

오늘 스페인 풍의 접시와 식탁과 고무나무는 마치
숲의 입술을 열고 호루루기 소리가 튀어나오던 청춘의 한 날 같아서
나는 괜히 울컥하고 멋쩍어
연미복을 입은 열두 시에게 마음을 들킨다네

나를 모르는 사람이 나를 아는 사람 보다 몇 억 배 더 많은
이 지상에서, 소금 덩어리와 탁본과 물고기의 화석을 말한다 한들
누가 들어주기나 할까 봄날의 아름다운 퇴폐를
읽어주기나 할까

나는 때때로 세월이 내팽개친 반죽 같아서

혼자서도 곧잘 부풀어 오르고 혼자서도 곧잘 풀이 죽기도 한다네
당신께 핑계도 안부도 전할 수가 없지만
나는 수줍고 멋쩍고 두려운 문장을 적을 수밖에 없다네

나는 마치 방금 도착한 나의 미래 같아서

공중을 들어올리는 하나의 방식

기억의 반을 세월에게 떼 준 엄마가 하루 종일
공중에게, 공중으로, 전화벨을 쏴 댔다 소방 호스처럼
폭포를 이룬 소리들이 공중으로 가서 부서졌다

휘몰아치는 새 떼들

머리 위에 우두커니 떠 있는 공중, 나는
공중에 머리를 박고 공중에 대해 상상하다가 공중을 증오하다가
털신처럼 깊숙이 발 밀어 넣고 공중에서,
공중을, 그리워하다가 들이마시다가

깊은 밤 불 밝힌 네 창으로 가기 위해
내 방의 불을 켠다

네 불빛과 내 불빛이 만나 공중 어디로 가서
조개처럼 작은 집이라도 짓거나 한다면

이것은 연애가 아니라 공중을 일으켜 세우는 하나의 방식

모든 공중에, 모든 공중을, 의심하거나 편애하거나

생략하기도 하면서

휘몰아치는 저 새 떼들

흰 꽃들

내가 생각이 많아진 것은 너라는 해안선 때문이다 너라는 구름 때문이다 너라는 한 밤의 발자국 때문이다 많은 이유가 있겠지만 조바심은 늘 너의 뒤편

너는 유리의 문장이고 분홍이지만 한 때 불의 구조로 만들어져 있었다

나는 여전히 너에 대해 의심하고 있으므로 모든 책은 결국 미궁, 생각은 모래로 만든 완구

어깨를 나란히 하고 우리가 걸었을 때 그 때 무수한 별들이 밤의 문장 속에 떠있을 때 나는 최선을 다해 기다렸네 책 속의 말들이 촛농처럼 녹아내릴 때까지

너라는 약속, 너라는 허공, 너라는 배반, 너라는 고양이

만약, 다시 태어난다 해도 이 저녁이 다시 올까

밤의 등줄기를 타고 흰 꽃들이 솟아오른다

착시

꽃의 허리를 살짝 건드렸을 뿐인데
징소리가 난다
꽃잎 한 장의 냄새를 맡았을 뿐인데 석기시대의 젊은 남자가
쏟아져 나온다
눈을 감고 보면 모두가 꿈결 같다
내 작은 숨결에 파르르 떨리는 우주

아이스크림과 택배

그는 한 때 미루나무였을 것이다 미루나무는
한 시절 구름이었을 것이다
구름은 한 때 함성이었을 것이다 함성은 수많은 입술들이
쏘아올린 초록,

당신이 거기 있다는 게 얼마나 다행인지

내가 미루나무 옆을 지나가고 미루나무 위로 한 무리의 구름이 지
나가고
온갖 홀씨들이 바람에 나부낄 때 듣는다 함성,

그는 한 때 공원의 의자였을 것이다 의자는
한 시절 공중에 매달린 그믐밤의 달이었을 것이다
달빛은 파문 달빛은 소요 달빛은 폐허 무심한 듯 쏟아져 내리는
모래의 알갱이들,

당신이 안전하다는 게 얼마나 다행인지

아이스크림을 사들고 공원의 벤치 곁을 지나갈 때 아이스크림이
손가락처럼 녹아내릴 때, 다시 사랑할 수 있을 거 같아서

봉투를 뜯기도 전에 계단이 차오른다
막 도착한, 택배

최성익

틈
별
개미
야근
오늘도 묻는다

2025년 『시와세계』 등단
danyangcsi1962@naver.com

틈

금 간 창틈으로 밖을 본다 나를 본다
틈밖에 더 많은 것들이 살고 있다
틈이, 막혔던 내 낮고 작은 노래를 흐르게 한다
힘쓰고 물도 내릴 줄 모르던
너를 위한
한 방울 물도 눈물도 없는
나는 척추 휜 한 마리 마른 멸치였다
멸칫똥이었다
금 간 창틈으로 보는
저 환한 넓음이 내게 물줄기를 틔운다
내 흐린 날들이 씻기고 있다

별

베란다 끝에 딸린 창고
문을 연다 거미줄과 날벌레의 시체들보다
먼저 나를 막아서는 눈의 물기
4년 동안, 햇볕 한 번 본 적 없는
빈 박스 헌 운동화 쓰고 남은 장판지 합판조각……
죽은 아내와 함께 목을 맨 시래기
손이 닿자 알을 깨고 날아간 빈집들과 함께 오소소 부서진다
장모가 가져온
강원도 골짜기 가물가물 기억하는 무청
속이 다 마른 마늘통
지난날 새파란 웃음 자락은 굴건 속에 짜들어 있다
마음에 나부끼는 쪽지 한 장
고등어, 두부, 청국장, 대파,
책갈피 속 미라로 남아 있는 당신의 서툰 글씨
내 **뼈**는 자꾸만 미라가 되고 싶어 했다
몇 개의 잎새를 달고도 검은 **뼈**가 갈라지는 고목
시래기 목줄을 풀어 내리던 날
당신의 별 둘레에는
탱자나무 가시 열한 개가 돋아 반짝였다

개미

이상해라

아침에 눈 똥에 비늘이 돋아있다 취나물빛
똬리를 틀고 대가리를 치켜든 것이 한 마리 뱀이다
엊저녁 내 어금니에 물려 죽은 취나물이다
침목 사이, 기름 덮어쓴 쑥 같다
아홉 살 때 본 슬픔이다 불안이다

건널목 옆, 피 묻은 고무신 한 짝
거적 밖으로 내비치던 치렁한 머리칼

세월은 낫날처럼 지나고

쑥처럼 살고 싶던 날들이 있었다
돌아갈 수 없는 시간
마주할 수 없는 이마, 얼굴들

내 속에 똬리 튼 뱀이여
취나물이 아닌 내 심장에 네 독니를 꽂아라

마알간 물은 어디로 흐르는지……, 죽은 육신이 생각을 끌고

간다

발발, 발발발발
거적 위 여섯 개 개미 발 엇갈린다

야근

어둔 물속을 헤엄치는 물고기처럼

좁은,

통로와 통로를 지날 때면 지느러미 없는 기계들이 반복적으로 울었다

내 지느러미는 밤마다
턱수염처럼 미끌미끌 자라서

우리는 모두 얕거나 깊은 밤의 물속을 헤엄치는 물고기인 것을

아침이면 햇살 속으로
저녁의, 물고기들의 마른 눈들이 빠져나가고

틈새에서
작은 물풀들이 흔들리는 체험으로

어둠으로 던진 씨앗들은 어디 있는가

가끔은 웃음에도 기름내가 났다 불티만 닿으면 타버릴 것 같은,

오늘도 묻는다

내 작은형은 목수다

군복을 잘라 만든 못 주머니를 차고 휘파람 휘휘 불며
앞니 사이로 찍찍찍 침을 잘 뱉던 형

어떤 나무든 그의 손이 닿으면 숨결처럼 부드러워졌다

곁방살이에도 날아드는 일감은 넘쳐나서
그에게 용무가 있는 자는 먼저 날씨를 살펴야했다

―퇴근은요?
―못대가리 안보이마

처음으로 들어본 망치

―이건 어째 잡아요?
―그거? 쥐면 자루에 물이 흐를 거 같은 느낌으로

씨익, 웃어주던 형이 좋았다
나는 망치를 잡는 힘으로 살기를 원했다

즐거움은 왜 오래가는 법이 없는지
망치 두고 하늘나라 집 지으러 떠난 작은형

별도 달도 그의 건축물일까?

흐린 날이면 보인다

먹구름에 망치질하는 번쩍번쩍 불꽃이 튀는
오늘은 못 주머니를 엎질렀나 대못 같은 비가 내리고

내게도 생의 못대가리 수풀처럼 쌓였는데
가슴에 박은 몇 개의 못이 고작이라니!

오늘도 묻는다
형님, 망치는 어째 잡나요?

김현신

푸른 나무를 바라보았다
빈 페이지에 얼굴을 묻고
바람이 늙어갑니다
이팝나무
밤, 밤

2005년 『시현실』 시 등단, 2023년 『시와세계』 문학평론 등단
시집 『나비의 심장은 붉다』 『전송』 『타이레놀 성전』
『애수역에서 트렁크를 열다』 『빈 페이지에 얼굴을 묻고』
khs22740@hanmail.net

푸른 나무를 바라보았다

바깥은 얼마나 흐릿한가

연기가 흘러갔을

푸른 나무를 바라본다 등 너머

누군가는 '비'를 음표라 읽는다

자작나무 둥근 머리위로 떨어지는

웅성거림인가 신음인가
흔들리기 위해 손짓하는

식어가는 맥박을 짚어보는 것처럼
너의 시간은 네 몸에 없다 이미

변신은 순간의 음표, 누군가
모서리를 맴도는 노래가 부드럽다

모자를 벗고 모퉁이를 돌아가는

(빛나는 풍경이다)

나는 찰랑거리는 음표의 층을 바라보았다

나는 푸른 나무를 바라보았다

빈 페이지에 얼굴을 묻고

도시를 헤맸을까

꽃의 언어로

책장을 넘긴다 몰약 인 듯, 흰 그늘 하나
손끝으로 파고드는 추위가

공항을 배회합니다 큐션을 안고 긴 여행 할 수 있을까 잔해는 사라지고, 꽃모자 쓴 노을은

왈츠를, 붉은 책을, 펼칩니다

기면증으로 흘러가는 밤입니다. 빈 페이지에 얼굴을 묻고

서성이는 비, 구름, 돌아올 공항은 아득한 거리입니다 벼랑일까, 부서지는 것들일까,

그냥 미생이었으면, 좋겠네, 폭풍이었으면 좋겠네, 낙엽은 그녀, 하얀 비가, 아득한 그림자로

소란을 피우며 너의 잔을 찰랑이며 피크닉을 떠나는 낙엽의 방황

입니다

연주 따라 흰 그늘이 걸어간 그 길까지

풀숲에 맺힌 이슬로 너를 적시고 싶은

빈 페이지의 얼굴이여,

바람이 늙어갑니다

바람은 비목입니다

초연 가득한 메시지엔 이름 모를 미소가

늙어, 늙어갑니다

달빛에 숨깁니다 마디마디 이끼를
쓰러지는 달빛을

어젯밤 같은 슬픔입니다 뼈의 노래, 천진한 적막, 알알
이 흐르는 궁노루 밤, 달빛은 흘러흘러 어디로 갔을까

아무것도 없어진단 말입니다

이름 모를 꽃은
울어 지친 나뭇잎은

늙어가고 안개이고

자꾸 밀려나는 바람입니다
늙어가는 바람입니다

슬픈 오늘입니다

이팝나무

언어를 잃어버린 문장이었네

나는 강물의 허리에, 한 줌의 모래에, 꽃을 꽂아 놓았네
그렇게 봄날은 갔네

팝콘이 지는 것을 보았네

텅 빈 손바닥에서, 나는 그의 가슴에 어둠을 뿌려댔네
들판이 흐느끼고, 한 알의 들꽃들, 다시

맨발 하나 만지고 있었네

하얗게 벗어난 들판처럼 덮이는 입술, 흐려지며 귓 바
퀴 반짝이며, 모래가, 이슬이, 그리고 봄날은 왔네

비가 내렸네

밤, 밤

                          슬픔에 젖을까
                          우울을 삼킬까
                          공간을 헤매는
                          극적인 밤이다

'슬픔이 훨씬 강한 정서일까' '우울이 초월적인 정서를 지닌 순수일까

흰 구름의 손등을 살며시 잡아본다 소중한 사물의 기호다 상호의존적 형태다 매순간 깨어지고 있는 맨살 찔리는 소리, 조각파편에 실려 오는 소리

'시작'과 '끝'을 예감하는 건 두려움은 아니다 간결한 이미지로 논리를 개진해 본다 매일 천만 번식 흔들리는 문고리, 서랍 속 녹아내리는 나프탈렌,

공간을 헤매는
극적인 밤이다

밤, 밤, 밤

박윤우

감정의 월간 보고서
감정공작소 폐업 공지
슬픔은 적립되지 않습니다
벚꽃 항소문
하찮음의 미학

2018년 『시와반시』 등단
시집 『저 달, 발꿈치가 없다』 『감정물리학_E404』
jungoleewoo@daum.net

감정의 월간 보고서

5월의 감정 포트폴리오엔
초록빛 질투, 소량의 냉소
그리고, 리스크 헤징용 마음 접기 ETF가 실렸다

애정 수익률은 전월 대비 2.1% 하락
이중 고백자의 회수율은 36.4%를 기록했다

하지만 첫눈에 반한 적이 있음 문항엔
여전히 79%가 예라고 대답했다

이번 달도 당신에게 몰빵한 나는
투자가 감정의 선물시장이라 믿었다

연애 원론 1장에는
원금 손실이 발생할 수 있습니다

그러니까

오늘의 감정 시세는
우산은 버려졌고, 시는 남았다

감정공작소 폐업 공지

이곳은 한때
진심을 만들어내던 곳이었습니다
말을 깎고, 숨을 붙이고
기억의 단면에 맞춰 감정을 조립하던 공간이었지요
하지만 이제, 공정은 멈췄습니다
고백은 단가가 맞지 않았고
후회는 재고로 쌓였으며
기다림은 부품 공급이 끊겼습니다
감정 설계팀이 퇴사했고
기억 생산 라인은 노후화되었으며
운영자는 더 이상 새로운 옷을 입고 싶지 않았습니다
이 공작소는 폐업합니다
폐업 공지를 쓰는 이 손끝에
아직 미세한 떨림이 남아 있군요
그건 마지막 잔열이니
이해해 주시길 바랍니다
오늘의 감정 시세는: 가동 중지
감정은 더 이상 생산되지 않지만
잔여 진심은 자동 순환됩니다

슬픔은 적립되지 않습니다

감정 카드를 긁었다.
오늘도 울컥
어제도 울컥, 울컥
지지난주엔 거의 폭우였지.
그래서 물었다.
이만큼 슬펐으니
포인트는 얼마나 쌓였나요.
창구 직원이 말했다.
슬픔은 적립되지 않습니다.
기쁨은 행사 중이고
눈물은 한정기간 사용 가능하며
분노는 괄호 안에 등록되었습니다.
그럼 나는 뭘 쌓아왔죠?
이 무릎,
이 한숨,
이 말 끝에 맺힌 저 보풀 같은 것들은?
그건 보상이 아니라 기록입니다
라고 했다
적립은 되지 않지만
증명은 남아 있다고
나는 감정 없는 영수증을 받았다.

내 슬픔의
무적립 내역서
그건, 무이자 할부였다

벚꽃 항소문

존경하는 봄철 정서 법정 귀중

나는 죄가 없다
나는 다만,
꽃으로 태어났을 뿐이고
피는 시기를 스스로 결정할 수 없었다

나는 언제나
햇빛의 요청에 순응했고
비의 윽박에 꺾였으며
사람들이 다녀간 자리에 남겨지곤 했다

나는 사랑을 약속하지 않았다
다만 풍경으로 서 있었을 뿐이다
나는 웃지 않았다
그들이 웃을 뿐이었다
예쁨에 무슨 죄가 있는가
유죄라면
그건
기억 속에 남는 풍경이 현실보다 나았기 때문 아닐까?
나는 이 판결에 항소한다

아무 이유도 없이 한 계절을 책임지라는 건
너무 가혹하지 않은가!

벚꽃 드림

하찮음의 미학

아, 하찮음의 미학이라니
이 얼마나 우아하게 쓸모없는, 그래서
더더욱 눈부신 특권인가
발톱에 매달린 먼지 한 톨의 결기, 혹은 궐기
컵라면 뚜껑 위의 먹다만 단무지, 그 도발적인 습도
길고양이가 훔쳐보는 내 낮잠
이런 것들이야말로 삶의 무대 뒤에서 저질러지는
작고 조용한, 그러나 위대한 비상구들이 아니겠는가
그대와 나는 진작부터 별일 없다는 말을
별처럼 반짝이게 만드는 일로 다투던 사람이었다
아무것도 아닌 것을 유심히 바라보는 능력으로
세상의 균열을 슬며시 엿보는 사치를 한참 더 누려보자
나 말고도 힘든 사람 손 들어봐!
누가 벽에 그런 낙서를 남겨놨는지 들여다보다가
낙서 옆에 무심히 놓인 돌멩이며 풀잎에게
너는 빨래집게, 너는 빨래집게에 찝힌 5월
너는 5월의 말린 속옷 냄새, 이름을 지어주는 일
하찮아서 숭고한, 그런 놀이를 허락받는 것
그게 바로 살아 있음의 보증서가 아니겠나
농담, 그거야말로 보증서에 찍은 스탬프일 테고
가볍게, 그러나 결코 가볍지만은 않게

그러니 한 번 더 외쳐보자
"나는 하찮음을 사랑할 권리가 있다! 그리고 그 말 뒤엔
반드시 당신의 웃음이 따라야 한다
킬킬, 혹은 크크크, 아니면
헐—

석연경

은하의 바닷가
불규칙은하 정원
은하단의 정원
평행우주의 정원
켄타우루스자리, 반인반마의 정원

2013년 『시와 문화』 시 등단, 2015년 『시와 세계』 문학평론 등단
시집 『독수리의 날들』 『섬광, 쇄빙선』 『푸른 벽을 세우다』 『탕탕』 『정원의 우주』 외
송수권시문학상 젊은시인상 수상
syk0219@hanmail.net

은하의 바닷가

포말이 은하수를 펼친다

은하
너는 그저 네 깊은 밤을 반짝인다

작은 먼지야
살아라
물방울아
흘러라

기억하고 싶은 것만 기억하는
풀잎아
가지야 잎사귀야
나선은하의
처음과 끝을 기억하렴

하얀 몸피와 검은 껍질의
무량한 파도 소리

오랫동안 바다에서 부서지고
닦였으나
금모래가 빛나는 해변에

발자국을 남긴 적은 없으니

물 아래 어리는 네 그림자
살아라
부디

포말이
바위가 되었다가
별이 되어
은하수로 흐를 때까지

불규칙은하 정원

자유로운 빛을 발하는 젊은 영혼이라면 말이지
이름 지어지기를 거부하는 은하의 불꽃 안에서
가스와 먼지 사이에서 열정적인 춤판을 벌이지
그러면 어느새 뿌연 어둠 속에서 새 별이 튄다지

원삼의 긴 소매처럼 휘어진 나선팔을 던져버리고 그저 별을 만들며 흐르는 듯한 물결이 우리은하를 바라본다 윤슬로 흔들리는 별빛은 너의 오래된 꿈이다

왈츠 탱고 블루스 발레를 추다가 힙합 스트리트 댄스 탭댄스를 추다가 살풀이 승무를 춘다 장단을 두드리며 어둠과 어둠 사이를 내딛는 발자국마다 별이 생겨난다 소용돌이치는 별들이 잣대 없이 피어나는 꽃의 무늬로 불규칙한 음률로 노래한다

정원의 노래는 바람의 입김에 스며들고
시간의 파편은 꽃잎 사이로 흩어진다
바람의 음악은 끊임없이 변주한다
고요한 듯 폭풍우 치듯
끊어지는 듯 꺾이는 듯
강물 소리로 이어지는 땅과 하늘에
얼음과 불의 춤으로 속삭인다

침묵 같은 공허를 채우는 춤사위다

돌이 나무를 껴안고 나무는 돌을 품에 안은 채 불규칙한 음악처럼 끊임없이 변화하는 자연의 정원은 쇤베르크의 정화된 밤 Verklärte Nacht처럼 불협화음으로 와서 치유의 멜로디로 우주의 길을 연다 정원의 꽃과 잎사귀의 발끝이 자아내는 불규칙한 진동이 몸을 흔들고 펼치면 푸른 빛 어둠 속에서 깊은 소리로 불협화음을 내지만 자신의 소리로 풀과 어우러진 정원은 화엄이다

바닥에 붙어 피는 꽃도 산보다 높은 나무도 불완전함으로 완벽하게 있다 은하의 흐름이 이끄는 대로 정원의 숨결을 따르며 불규칙적 조화가 탄생한다 정원에서 별들의 떨림을 듣는다 끝없이 쪼개지고 불완전함이라는 완벽을 춤추며 서로의 존재 속에 뿌리내리고 있음을

무질서한 별들이 풀어내는 신비한 리듬이 정원에 뿌려진 씨앗처럼 반짝이며 자란다 푸르른 잎사귀가 바람을 타고 춤추고 흐르는 물은 돌을 따라 구불구불하게 흐른다 정원은 그 자체로 음악이다 스스로 자라나는 식물이 은하의 먼지가 풀어낸 꿈처럼 천천히 퍼져 간다

불규칙적인 우주의 중심에 불협화음의 너와 내가

나무와 흙과 돌이 서로 기대어 살아가듯
가스와 먼지와 별이 함께 흐르듯
시간을 넘어서 얽히고 풀리며
끝없이 빛나는 우주 정원에서 꽃씨를 뿌리고
노래하며 새로운 조화로 나아간다

은하단의 정원

뜨거운 가스 폭발과
초대질량 블랙홀의 뜀박질
데워지며 낙하하는 가스들
우리는 어디로 가는 것인가

처녀자리 은하단이 느린 숨을 쉬는 곳
가장 밝은 은하단 은하 M87이
어두운 밤 고요 속에 빛으로 퍼진다
수천 년을 지나온 별들의 이야기는 반복되고
누군가의 고통은 아직 땅에 내려앉아 있고
누군가의 기쁨은 여태 하늘로 떠오른다
은하단 사이를 떠돌며
중심 은하에게 암흑물질과 별을 잃어가며 살아가는 별에게 묻는다
"너는 누구냐, 거센 바람을 일으키는 궤도 속도에 빛의 씨앗을 잃고 적막함과 고요 속에서 죽어가는 너는?"

너와 나는
빛과 그림자는 모두 하나다
내 안에 무수한 별들이
처녀자리 은하단을 지나며 부려놓은

오래 간직한 가슴속 빛은
우주의 광활한 시간 속에서
우리가 한 몸으로 흘렀기 때문이다

화로자리 은하단의 먼지와 별들도
내 안에서 흩어졌다가 모여들고
이 세계는 우리가 꽃피우는 정원이었음을
모든 씨앗이 꽃피우고 죽고
다시 꽃으로 피어나는 고통과 기쁨의 동안에
내게는 네가 네게는 내가 있었다는 것을

헤라클레스자리 은하단의 광활한 빛이
빛을 발하고 부서지고 사라지는 고통 너머
눈을 반짝이며 별이 떠오르고 있다는 것을
나직하게 속삭인다

머리털자리 은하단은 기억을 고요히 담고
수많은 별의 찬란한 속삭임 속에서
이 세상보다 빛나는
또 하나의 세상을 품고 있다
이 세계를 넘어서

우리가 찬란히 엮을 별자리로
끊임없이 우주 지도를 그리며 항해한다

별들은 저마다의 정원에서 빛나며
서로를 바라본다
고통과 기쁨을 넘은 세계의 정원이
끝없이 펼쳐져 있다
별에는 저마다의 잎사귀를 흔들며
한 그루 나무가 자라고 있다

은하단 은하는 정원의 눈부신 꽃이다
모든 고통은 꽃을 피우고 별을 띄운다
고통과 빛의 끝에서 나누며 어우러진
우주 속 정원의 찬란한 끝에서
우리는 또 다른 은하로 꽃피울 것이다

평행우주의 정원

우리는 하나의 나무
뿌리는 땅속 어둠을 헤치고
끝없는 가지는 하늘로 뻗어가는데
각 가지는 다른 우주를 품고 있다
내가 아닌 나의 우주에 백합을 피울 때
내가 나로 장미꽃을 피우고 있는 우주
백합꽃과 장미꽃은 따로 피어 있어
서로가 다른 꽃인 줄 알지만
가보지 못한 길에는 꽃이 피지 않는 줄 알지만
한 나무가 여러 허공에 다른 꽃을 피우고 있다

거품 우주 Bubble Universe
흰 거품 가득 찬 바다 위를 흘러간다
어떤 거품은 블랙홀 안에서 터지며
어떤 거품은 멀리서 증발한다
우주 속 거품의 세계는 서로 보지 못하고
지구에서 꽃을 피우고 빛날 수 있는 것은
보이지 않으나 서로 닮은 네가
우주 어딘가에 있다는 것

막과 차원 Membranes

높은 차원은 낮은 차원을 품고 있다
지구는 밀림과 사막과 바다를 품고 있다
정육면체는 선과 면을 품고 있다
사차원은 삼차원을 품고, 오차원은 사차원을 품는다
초우주의 나무에 사과꽃 배꽃 매화가 피고
복숭아 자두 포도 열매도 가득 열린다

양자역학의 다세계 해석 Many worlds
밤하늘의 별처럼 무수한 나
나는 낮이자 밤이며
바다이자 숲이다
나는 오늘 아침 수국 가득 핀 지구의 정원을 걷지만
평행선의 다른 나는 어느 먼 나선은하의 심장 근처에서
은빛 날개로 춤을 추고 있을지도 모른다
끝없는 평행과 수많은 별의 시공간
별마다 또 다른 나의 삶이 빛난다

우주는 하나의 나무에서 자란다.
빛도 어둠도 시간과 공간도 초월한 뿌리
가지는 다른 길로 뻗어
안 가본 길은 내 길이 아니라고 여기지만

뿌리에서 올라온 물을 마신다
다른 세계를 가보지 않아도 모두 하나의 정원

은하 블랙홀 바다 밀림 사막 정원 속에서
서로 닿지 않아도 닿아 있는
평행우주의 나와 너는 함께 숨 쉰다

켄타우루스자리, 반인반마의 정원

별자리를 만드는 사람이 있다
아버지는 둑으로 둘러싸인 삼문동 남쪽에
천리향과 해바라기와 사철나무를 심고
오래된 기와집 천장에 별을 그렸다

유한의 빅뱅에서 태어나 무한으로 가려는 무수한 별들

정원에 구부러진 빛 화살이 박혀 있다
융단 위에 바람의 파편 흰 돌이 점점이 뿌려져 있다
나비떼의 날갯짓으로 천장이 숨 쉰다
사철나무는 말발굽을 남기며 그늘을 만든다
켄타우루스의 심장에서 뻗은 단단한 뿌리
포도덩굴이 어깨동무하며 하늘로 향하고
익어가는 포도 알알 별이 반짝인다
켄타우루스의 거친 숨결은
꽃빛 속에 스며들어
꽃잎마다 향기를 뿜는 색색의 말이 달린다

너는 화살을 쏘며 달리는 습성의 짐승 반인반마
네 질주는 삶과 죽음의 경계 위에서
고구려를 달려 거침없이 이어져 우주로 향한다

〉
발굽 아래의 땅은
예배당이 수풀처럼 자라나는 언덕
예배당은 시간에 감긴 바람의 실타래를 풀고
고대의 자오선을 지난다
아버지 오늘은 별을 따세요
심장에 그려진 고독의 지도가
천리향 향기처럼 붉어요

화살 끝이 타오르며 은하수를 가로지른다
화살의 흔적에서 별들이 태어난다
별이 심장이 끊임없이 타오르며
꽃씨를 뿌린다

어머니는 아궁이에서 불씨를 꺼내
굴곡진 땅마다 뿌린다
천리향 향기가
해바라기의 기억을 깨우고
인간의 숨소리를 들으며
오메가의 해바라기가 폈다
네 고통은 나의 고통

네 자유는 나의 자유
날개 없는 존재들이 별로 뜬다
발굽 없는 말이 하늘로 난다

햇살에 빛나는 사철나무 단단한 잎과
흙에 묻힌 발등 위 그림자 사이에서
아버지가 수백만 개의 오메가 별을 노래하자
발등에 거름이 쌓였다
정원의 허공에는 천리향이 피어났다
뿌리는 단단히 땅에 박혀 있었으나
언제든 발에 묻은 흙을 털고
말발굽 소리를 내며 날아올랐다

나이테가 없는 어머니는
은하를 가로지르는 암흑대 속에서도
쉬지도 않고 케이론을 낳는다
삼문동 둑길 위에서 아버지가 끝없는 나선을 돌리며
별자리 이름을 새로 짓는 동안에
어머니는 붉은 별빛과 푸른 별빛 사이에서
해바라기를 낳았다

이상호

나무와 까치
마른 장마·2
거대한 발길
헐~
우리 님의 고운 노래 – 소월素月 시

1982년 『心象』 등단
시집 『금환식』, 『그림자도 버리고』, 『시간의 자궁 속』, 『그리운 아버지』, 『웅덩이를 파다』, 『아니에요 아버지』, 『휘발성』, 『마른장마』. 수상: 대한민국문학상, 편운문학상, 한국시문학상
shlee2368@hanmail.net

나무와 까치

높은 나뭇가지에
세 들어 사는 새

세도 안 내고 집짓고 새끼 기르며 살기가 영 민망한지
나갔다 들어올 때마다 까치발로 조심조심 걸어드는 새

그 마음을 아는지 나뭇가지도
내색하지 않으려고 애를 쓴다

그걸 쭉 지켜보는 하느님도 말없이
따뜻한 어둠을 퍼서 함께 덮어준다

마른 장마·2

서양말로 사랑이란
죽음에 강렬하게 저항하는 것이라니

뜨거운 사랑에 목마른 사람일수록
차가운 죽음에 깊이 빠져든다는 것

죽음을 죽이려는 애태움이 사랑이라는 것이라면
우리 노래가 사랑타령 일색인 것을 알 듯도 한데

세상에 태어난 사람으로 죽지 않은 사람 없고
세상에 태어날 사람으로 죽지 않을 사람 없으니

사랑은 흔해도 진짜
사랑은 없다

거대한 발길

1
고갯길에서 고속버스가 구르고
철길에서 고속열차가 부딪치고
활주로에서 비행기가 박살나고

무거운 목숨들이 쏟아져 나뒹구는 무서운 영상을 무수히 보아온 탓일까 언제부턴가 나는 무서워하기보다는 결말을 다 아는 공포영화를 다시 보는 관객처럼 거의 무덤덤해지기 시작했다. 다만 그 억울한 목숨들에 내리는 뜻 모를 재앙을 내 입으로는 다 형언할 수 없다는 무력감에 잠시 몸을 떨 뿐.

2
불 속 같은 한여름 날 오후
불개미떼가 비탈길을 가로지르며 기나긴 줄을 만든다.
무슨 까닭인지

장강처럼 유유히 흘러가는 그놈들의 행렬을
거대한 내 발로 뚝 끊어 버리고 싶은 충동을
간신히 억누르면서 한참 동안 지켜보았다.

고물고물 하나같이 종종걸음을 쳐도

가만가만 간격을 조절해가는 그놈들
학교나 제대로 나왔는가 모르지!

3
신음한다 나는
이상한 방법으로 거대한 발자국을 남기고 싶어하는 숨은신과
이상한 충동을 억누르고 고요한 관찰로 일관한 자신 사이에서
아니 미물과 인간과 자연 사이에서 아니 아니

아무리 몸부림쳐도
끝끝내 제자리로 돌려놓는 어떤 거대한 발길 밑에서

헐~

머칠 출장을 다녀온 날
화초가 허리를 굽히고
깍듯이 인사를 한다.

물 좀 주세요.

얼른 물부터 한 컵 떠다 주었더니
잠시 후
허리를 꼿꼿이 펴고 가던 길을 간다.

언제 그랬냐는 듯

우리 님의 고운 노래
- 소월素月 시

슬픔도 오래 삭이면
금빛 노래가 되는 것을
예전엔 미처 몰랐다네

밤마다 쏟아지는 은은한 달빛
심심산천 어느 작은 골인들
초롱초롱 비춰주지 않으리

세상모르고 사는 그 날까지
우리들 마른 마음 모래밭에
돋아나는 잔디 잔디 금잔디

아무리 세월 흐르고 흘러도
영영 시들지 않을
우리 님의 고운 노래여

서승현

분홍, 서러운 빨강
숨은 손길
편백나무 숲에 들다 — 축령산 치유의 숲에서
후점벅거리다
만병초 사랑

2001년 『시와사람』 등단
시집 『푸른현호색꽃 성채에 들다』 외
sshpoet@hanmail.net

분홍, 서러운 빨강

원색의 빨강에
희고 창백한 서러움의 채도가
초저녁 어스름처럼 슬며시 섞여들면
분홍은 비로소 제 모습 드러낸다

매끄럽던 살갗
시큰둥한 무채색으로 식어가면서도
폭염이 천지를 달구는 이맘때쯤이면
원색의 꽃 피우고 싶은 찰진 마음이
먼 길 떠난 그대를 기어이 불러낸다

그를 기다리는 동안
거칠어진 종아리 위에
돋아나는 두드러기들
가슴이며 어깨로 발긋발긋 번지는 미열
설움이 누적된 잘디 잔 꽃봉오리들 모여
오늘, 그가 오는 길목을 마중하고 섰다

팔랑이는 잎새들이 검초록으로 자지러질 즈음
뜨거운 바람의 등을 타고
비로소 온 몸 가득 당도하는 그대

기다림에 지친 몸 쓰라리게 휘감으며
숨찬 호흡마다 달디 단 꽃구름 떼 뭉클뭉클 피어난다

목백일홍 밑둥에 탯줄 감아 놓은 채
여태 둥근 잠에 빠져
컴컴한 어둠으로 가라앉은 연못 속마저
환하게 물들이는 벅찬 숨비 소리 빛깔
아직 해가 지지 않을 일몰을 향해
혼신의 자맥질 해 보지만
마침내 계절 끝으로 부는 바람으로 인해
분홍은 끝끝내 원색이 되지 못한다

이맘때면
그를 기다리면서 늙어가는 명옥헌 원림도
서러운 빨강으로 한 시절이 난연赧然하다.

숨은 손길

예각들이 은밀하게 환해지고 있다
보이지 않는 손길이 어루만지는 대로
날선 각도가 차츰 둥글어지고 있다
분양과 임대 두 아파트 단지 사이
손가락질 세우는 철조망 끝마다
흰 벙어리장갑을 끼워주는 저 섬세한 손길
곡선을 사랑하는 그 누가
시퍼렇게 벼린 각들을 감싸고 있다
알같이 둥근 마음 환기시키고 있다
세상이 정한 몹쓸 각 때문에
산산조각 조각난 무수한 가슴들
조용히 나지막이 다독이고 있다.

편백나무 숲에 들다
— 축령산 치유의 숲에서

당신은 완고하게 입을 다물고
나는 물빛 이내 어리는 먼 숲 바라본다
당신은 굳은 채 앞서 걸어가고
나는 꾸물꾸물 뒤쳐져 걷는 길
물에 젖듯 번지는 어스름 속으로
편백나무 향기 길게 휘어지는 굽이를 돌아
푸른 산수국처럼 글썽이는 발자국들
목이 긴 새 울음 속 가물가물 깊어진다

검푸른 궁륭, 저무는 숲에서도
바스락 바스락 돌아 오르는
빨갛게 여문 눈물의 알갱이들.
사는 게 죄라지만
누구의 죄도 아니어서
더욱 서러운 뱀딸기 계절
땅 속 깊이 스미는 맑고 흰 뒤꿈치로
편백의 향기 순하게 끌어당겨
캄캄하게 찢긴 여백, 온 몸으로 메꾼다

숲 속 들마루에 몸을 누인다
흰 이마 위로 구름이 흘러가고

감은 눈시울 안쪽으로 가뭇가뭇 떠오르는 물 먹은 별들
별이 될 육신이 차츰 서러워질 무렵
눈썹 아래로 야윈 강물이 흐르고
풀여치 그 강물 따라 연푸른 울음 운다

어둑한 숲길 되짚어 내려오다가
졸참나무 굴피나무 골 깊은 거친 상처가
서로 기댄 채 한 웅어리 세월 만든 연리지 본다
몇 차례의 벼랑이 회오리 치고
깎아지른 절벽 끝
비로소 마주 선 슬픈 궤적
부르고 대답하는 몸짓이
어스름 속 떨리는 실핏줄을 타고
간신히 이어지는 둥그런 한 몸

마른 뼈 속을 속속들이 적시는
당신이 있어
저 길이
저녁 해 비쳐 든 물 속처럼 환하다.

후점벅거리다

흰 종아리 걷어 부친 그녀가
장맛비에 반 쯤 허물어져
물에 잠긴 뒤란에서

후점벅 후점벅
진흙탕 속 뒤적여 건져 올린 건
숨 멎을 듯 놀란 구근 서너 개

후미지고 가파른 고개를 넘듯
젖은 치맛폭 거머쥐고 나오는 얼굴이
빗물과 땀방울로 환하게 어룽댔다

황금빛 햇살 받으며
꿈결처럼 붉게 피어난 환생

칸나꽃 사랑하던 그녀는
산골짜기 시커먼 흙 궁창
서천으로 기우는 시간 속에서도
알뿌리 다독다독 여며 주었다
막내딸 화폭으로 만개하라고
주단 치마폭 동여맸다

〉
감자꽃, 부추꽃, 메밀꽃, 파꽃
온갖 작물들 꽃핀 밭고랑 둔덕에
백일홍, 코스모스, 패랭이, 접시꽃, 붓꽃, 개나리, 찔레꽃들 거두고
색색의 물감통 펼쳐 든 채
백화난만한 꽃밭세상 만들어 보자고
이름들 거듭 불러주며
일생을 후점벅거렸다

만병초 사랑

녹황금빛 갑옷비늘 꽃봉오리에
꽁꽁 언 겨울로부터 흐드러진 봄으로
하루 종일 수유하는 뽀얀 봄햇살

꽃봉오리 차츰 커지면서
점점 작아지는 비늘갑옷

마침내 꽃받침으로 남아
아픈 세상 밝히려는 듯 화르르 피어오른
불뭉텅이 같은 꽃송이들을
약사여래의 손처럼 떠받들고 있다

제 몸의 살을 얹어 살을 찢고
꽃눈 키워 꽃 피우는 그 환하고 둥근 길

뿌리로부터 꽃 피우는데 닿는 시간은
사랑이 머문 시간과의 정비례
꽃잎 천천히 사위는 것은
다시 만날 약속하는 예별의 도돌이표

꽃받침 떨어지면서

꽃송이 시그라든 상처 난 자리에는
전생과 후생이
순한 바람의 숨결로 고이고 있다

최호남

사랑한다
포도주
매미
고창
봄 근황

2019년 『시와세계』 등단
시집 『정지는 아름답다』
ho515151@hanmail.net

사랑한다

별빛이 도달하는 데 수백만 년이 걸린다
지금 저 유리창에 돋는 것은
죽은 자들이 남긴 유서일지도 모른다

어떤 말들은 내 귀에 당도하는 순간
이미 수백만 광년의 우주 속으로 떠나가고 있다

내 이름을 부르는 소리를 듣는다
오래된 벽에 난 녹슨 못자국의 침묵 같은

영원히 도착하지 않을 말들이 있다
받지 못한 어느 저녁의 전화 수신음처럼
바람이 도시의 어둠 속을 횡단한다

막차도 끊긴 한밤의 정류장에서
누군가 아무도 모르게 흘리는 눈물

사랑한다는 말의 자음과 모음이
아무도 모르는 곳으로 발신되고 있다

문득 고개를 들어 바라보는

별빛들의
적막한 부재증명

포도주

포도주병의 코르크마개를 딴다
포도주 향기가
유리컵 가생이를 타고 흐른다

한입 베어 물기 전에
차마 속살을 열며
빈방에서 저 혼자 흥건한
저 붉디붉은

언제까지 기다리면
아름답게 침전한 슬픔이 되나
슬픔의 붉디붉은 그늘이 되나

유리컵에 묻은 네 입술자국

흰 허벅지 흘러넘치는
네 붉디붉은 고요 속으로
눈물 흘리며 가고 싶다

매미

물푸레나무 줄기에 공기처럼 가벼운
유령 하나가 달라붙었다
바람이 무심히 전신을 관통하고 있었다

살들이 하늘로 망명이라도 하듯
일제히 이사나간 뒤
남은 것은 그저
단조풍의 쓸쓸하고 투명한 음악

햇빛과 바람이 놀고 있는
터무니없이 밝고 고요한
빈집의 우편번호

가만가만 귀를 기울이면
죽음보다 먼 데서 울리는 성싶은
바람의 순정률純正律
참을 수 없이 가벼운
햇빛보다 바람보다 가벼운

고창

어느새 조선소나무 위로
흰 눈이 쌓이기 시작했다
잔가지들이 투명하게 흔들린다

덧문을 닫고
등불의 심지를 올린다
바람이 불고
폭설이 내려도
오래된 정원의 빈 의자는
여전히 그 자리일 테다

편지를 쓰다 멈추고
만년필을 내려 놓는다

이 저녁
내가 모르는 마을에서
네가 고단한 몸을 부려
돌아눕는 방향이
어둠이

눈을 맞으며
춥게 비워지고 있겠다

봄 근황

부기마을 지나
선운사 대웅전 먹기왓장 위
추운 봄볕 같은
종달새 한 마리
파르르 깃을 털고 있다

어귀에서 발 시린
노루귀 별꽃 개불알꽃
하늘매발톱 냉이꽃 상사화
남녘을 향해
골똘히 귀 기울이고 있다

바람은 불어서 어디로 가나

빗발 그친 하늘처럼
투명하게 갠
반쯤 눈 감고 죽은
누군가의 봉분 하나

양해연

기다리는 I
연약지반으로 침하가 진행 중이니 주의 바랍니다
가족사진
카푸친원숭이의 미래
몇 번의 여름이 지나는 동안

2016년 『예술가』 등단
시집 『종의 선택』 『달팽이 향수병』
goodluck7415@daum.net

기다리는 I

I는 기다리고 있다
어제도 기다렸다
기다리는 동안 창가의 수국은 마른 꽃이 되었다
묻지 않았다
기다리는 I에 대하여
I는 묻기도 전
올 테니, 제발 믿어달라고 했다
오지 않을 걸 알지만, 알고 있지만 말하지 않기로 한다
네가 아파할까 봐

I에게 I는
다섯 살 생일에 받은 로봇 장난감이라서
크리스마스이브의 첫 고백이라서
때때로 I는 울리지 않은 핸드폰을 들여다본다
무심한 사람들이 무심하게 보내온 문자를 오래 들여다본다
오지 않는 I가 보내온 암호를 해독하려는 듯

I는 알고 있는지 모른다
기다리는 I는 올 수 없는 I라는 것을
내 동공에 차오르는 바다, 갈매기 울음소릴 듣던 날 알아버렸는지
모른다

그리고 나처럼 말하지 않기로 마음먹었는지 모른다
내가 아플까 봐 말이다

연약지반으로 침하가 진행 중이니 주의 바랍니다

배롱나무를 부러워한 적이 있다
환한 꽃송이에 싸인 8월의 나무를

가까이서 본 정원은 객실에서 내려 볼 때완 딴판이다
관목들이 가시박 덩굴이 내뿜는 호르몬에 질식당하고 있다
리조트는 생각보다 낡아 있다

내게도 철마다 꽃이 피고 지는 정원이 있었다

늦은 점심을 먹고 1층 프런트로 갔다
칸트처럼 시각을 맞춰 산책하는 습관이 내겐 없다
내 부탁에 리조트 직원은 이해할 수 없다는 표정을 지어보였다
거듭 허락을 구하자
선생님께서 원하신다면……

땅 속 깊이 뿌리를 뻗은 가시박과 씨름하고 있을 때
사람들이 흘끗거리며 지나갔다
내가 리조트 직원이 아닌 휴양객이란 걸 알고선
아휴 땀 좀 봐, 쉬러 오신 거 아니에요?
그들은 복잡한 눈길로 바라보다 곧 멀어져 갔다

잡초를 뽑다 리조트 건물을 올려 보았다
유리창 안쪽에서 서성이는 사람들
저들도 무언가와 사투를 벌이고 있겠지

고객님, 내일 오전 11시 체크아웃 바랍니다

가족사진

우리는 찰흙 놀이를 했다
주무르고 던지고 뭉치고 꾹꾹 누르며
둥글게 길쭉하게 납작하게
머리와 몸통 팔과 다리
얼굴이 제일 나중에 완성되었다

개와 고양이를 키웠다
녀석들은 만나기만 하면 싸우지만
그래도 우린 가족이니까
개와 고양이도 한 마리씩 만들기로 했다
사이좋은 모습으로

남향의 테라스에서 강물 소릴 들으며
사계절 꽃이 피는 넓은 정원과 텃밭도 가꾸려 했는데
찰흙이 부족하다
개와 고양이를 만드느라
너무 많은 찰흙을 써버린 탓이다

후회하지 않기로 했다

내 사랑을 시험하느라
다리를 절룩이며 날이 새도록 문 밖을 서성이던

두 녀석과 함께
그늘에서 천천히 바래지고 있다
아파트 정원이 내려다보이는 거실 액자 속에 놓여

카푸친원숭이의 미래

은밀하게 포자를 퍼뜨리며 영역을 확장한다
열린 공간에서 탈출을 꿈꾸지만 꿈의 경계는 모호하다

그들은 유기적이며 매우 개별적이다
중간 중간 괄호를 열고 닫으며 변명하는 식으로 마무리 한다

피의 대결이 지나갔고 진행 중이지만 끝은 알 수 없다

영웅은 약지를 잘라 붉은 글자를 적은 후 손도장을 남겼다
피라미드는 멋진 채석장이 될 것이다

저길 좀 봐!
뗀석기를 만들어 야자열매를 까다 말고 우릴 쳐다보는 카푸친
원숭이들
무엇을 예감했기에 망설이고 있을까

몇 번의 여름이 지나는 동안

단박에 알아봤다 아는 얼굴이라곤 너 하나뿐인 그곳에서 사람들은 느리게 대화하고 느리게 걷고 네 이름을 부르는 소리에 넌 느리게 다가와 손을 내밀고, 나도 네 손을 잡으며 느리게 웃었다 주위를 둘러보다 조금 친절해 보이는 여자에게 여긴 시간도 느리게 흐르는지 묻자, 여자는 나를 안심시키려는 눈빛으로 천천히 말했어 —여긴 꿈속인 걸요, 깰 때까지 기다리세요 일주일 후 너를 다시 만났을 때, 그곳에서 음악회가 열렸다 음악회가 끝날 무렵 우린 손뼉을 치느라 잡고 있던 손을 놓았는데, 너를 아주 놓칠 것만 같아 서둘러 네 손을 잡았다

여름 내내 난, 사람 많은 지하철 안에서, 길을 걷다가도 자주 울음을 터뜨렸고 네가 처음 내게로 오던 어느 초여름 날들처럼 아무것도 삼키지 못했다

아카시꽃 필 무렵 시작된 꿈은 계절이 변하듯 변해갔다
몇 번의 여름이 지나는 동안 시계는 천천히 제 속도를 찾아갔다
나를 안심시키려던 여자의 말처럼 꿈이 깰 때까지

조사인

방황
열리는 그림자
왜 나는
천년
흘러갑니다

2023년 『시와세계』 등단
chosign8631@naver.com

방황

날개를 편다
벽을 타고 지나 온 시간들이
화선지 위에 깨어남이 두려워
침대에 누운 들판과 골목 사이
어디로 갈까

일어나기 싫어
가고 싶지 않아
백야, 뜨거운 폭염
오늘은

짜증을 낸다 갔던 길 버리고
모니터 넘어
구름 속 질문을 열어볼까
길거리 표지판 되어 길을 나설까

달려가는 들판 여는 하늘에
머리카락 날리며 나들이 간다
구름이 되는 마을이 되어

열리는 그림자

아는가 그대는
작약이 부르는 메아리가

기다림이 기약 없이 등에 소곤거리며 지나온 시간들이 아픔을 간직한 채 돌아선 바람은 들려오는 빗방울 속으로 꽃잎에 앉아 흐르며

달려온 새벽이 들어온다 운무는 미소 짓고 카메라는 모자 속 희미하게 추억을 포옹하고 입술은 사라진 빗방울로 옷을 젖으며

웃던 웃음 울던 울음이
굽이치는지 등 뒤를 아는가

왜 나는

하루
또 하루가

두 손에 아픔을 번뇌하는
턱이 아는지

난 누구인가 물어보네
계단에 걸터앉은 가슴을 밀치며

갈등이 부르는 허기 달랜 길목에
그림자는 갈 곳 없고

걸어온 날이 열리면
그때가 좋았어 별이 사는 마을에

벽은 닫히다 어디로 가야하나
바퀴가 굴러가는

천년

범종 울리는 새벽에
걸어간다
촛불 올리는 벌레 두 마리가

한 마리는
담 넘어 설법하는 주지 되어
절간을 넘고
한 마리는
쾌청하는 보시에 갈등이 사라진
바위 여는 여래 되어

흐르는 울림이
설법하는 목탁이 여미는 가슴에
오늘만 같아라

흘러갑니다

여기까지입니다 시계가 말합니다
여기까지입니다 거리가 말합니다

숨을 허덕이며 여기까지입니다
흰색이 돌아서는 걸음이 허리 다리 작아지는

잊혀지는 손수건 되어 세어봅니다
흐르는 시계 속에 뭘 하고 있는지 손잡고 굽어지는

그림자 이슬로 가렵니다
사라지는 외길에 서서

여기까지입니다 머리가 말합니다
여기까지입니다

이낙봉

눈이 오더라
이팝나무
갈라진 목소리
남는者를 위하여 – 보스니아
할 말이 없다

1980년 『강원일보』 신춘문예 등단
시집 『내 아랫도리를 환히 밝히는 달』 『돌속의 바다』 『다시 하얀방』
『미안해 서정아』 『폭설』 『망상망상』 이상시문학상 수상
enjoypoem@daum.net

눈이 오더라

중1 때 여자 담임선생님께서 앞만 보고 달리라고 해서 앞이 진짜인 줄 알고 성인이 되어서도 앞만 보고 열심히 달리게 되더라.

삼십 년 동안 쉬지 않고 달렸는데 진짜가 아닌 것 같다는 생각이 들더라. 고개 숙이고 숨을 고르며 밑을 보았더니 밑에서 밑이 크게 입 벌리고 웃고 있더라. 그 후로 가끔 옆도 보고 뒤도 돌아보며 걸었는데 옆은 옆에서 뒤는 뒤에서 낄낄낄 웃으며 쫓아오더라.

지금은 그냥 나를 보고 걷는 것이 일상인데 즐겁지도 않고 괴롭지도 않아 멈추려고 하니 눈이 오더라.

이팝나무

홀린 듯
피는 꽃의
하얀 속살이 흔들린다

넘실대는 물결 속
달이 흔들린다

마당 가득 고요한 찻집에서 커피를 마시며 보이던 가을밤의 달무리가 내 몸속으로 밀고 들어오는 바다가 생각나고 그때 보이는 아이는 누굴 닮았는지 모르겠고 꿈을 꾸는 나는 나도 모르게 꿈속의 나를 나로 착각하고 도무지 무슨 생각으로 꿈을 꾸는지 모르겠고,

달을 따라 몸을 뒤척이는 꽃
가슴 속 작은 돌 하나
들어내기 힘든 몸부림,

갈라진 목소리

쓸쓸히
지난 일을 떠올리면,

왜 그렇게 슬픈 일들만 있었는지, 왜 그렇게 앞날이 두렵고 불안했는지, 흑백으로만 보이는 세상이 싫어 그저 술을 마시면서 갈라진 목소리를 들었지,

강화 갯벌에서 조개껍질을 주우면서 돌에 그림을 그리면서 무슨 생각을 했는지, 사인펜에 물을 묻혀 수채화처럼 그림을 그리는 것을 보면서

시도
생활도
집중 못 하면서
수평선 끝에 걸려있는 밤배를 본다,

남는 者를 위하여 – 보스니아

뜬눈으로 날을 밝히고 겨울의 골방을 떠나는 너의 뒷모습을 보지 못했습니다.

발칸에 가면 돌 돌 돌 돌들의 산을 만납니다. 보스니아, 보스니아, 떠난 네가 있어 우는 것이 아니고 떠난 네가 오지 않는 것을 알아 우는 것입니다. 보스니아 보스니아. 그렇게 먼 곳에서 12월의 흰장미를 보았을 때 서늘한 바람이 돌산을 건너고 있었습니다.

목구멍으로 목구멍으로 그리움이 밀려드는 날이 있습니다. 켁켁거리며 침을 삼키지 못하는 날이 있습니다. 이랬거나 저랬거나 또 하루가 저물고 있습니다. 짙은 안개비 내리는 겨울밤 뱃속의 모든 오물 쏟아내어도 보스니아 보스니아는 너무 멀리 있습니다.

고개를 숙이고 침대 모서리 끝에 앉아 있던 내가 자리를 비웠습니다. 그 자리에 구겨진 베개가 앉아 있습니다.

할 말이 없다

작년에 조성한 공원 대나무 숲의 대나무는 거의 다 말라 죽었다. 벚꽃이 지고 연산홍이 붉게 피어나는데도 대나무 숲은 푸른 잎을 내놓지 못하고 있다.

봄바람이 지나가고 내가 지나간다.

한정원

의자의 엔트로피

탭댄스

토트넘

옥상

불면은 밤에만 있는 거래

1998년 『현대시학』 등단.
시집 『석류가 터지는 소리를 기록했다』 『마마 아프리카』
『낮잠 속의 롤러코스터』 『그의 눈빛이 궁금하다』 등
emily720@hanmail.net

의자의 엔트로피

의자가 없어서 봄은 오지 않았다
바람이 걸려있는 숲속에 서 있었다

구청에서는 버스정류장을 하나 더 만들어 놓고
노인들을 기다렸다
의자를 놓기 위해 정류장을 늘리고
산수국화에 받아놓은 빗물을 주고
목적지 노선표에 전광판을 연결했다

의자가 생기고 소식은 오기 시작했다
약국은 최초로 의자가 있어서 쉴 수 있던 곳
약국에서 만난 당신이 잘 있으면 나도 잘 있다고
면도를 하고 정류장 의자에 나와 앉아 있으면
나도 잘 있는 거라고
연인은 떠났지만 의자는 나를 떠나지 않았다

의자에 앉을 때 하늘을 올려다 볼 수 있는
허리를 받쳐주고 목을 기댈 수 있는 의자를
구청에서 개발했다고
밤에는 별을 보기 위해 따뜻한 정류장 의자에 갔다

봄은 떠나기만 하는 계절

항상 뻥튀기를 사서 들고 오는 노인은
가벼운 과자의 빈 공간이 좋다고
햇살을 향해 앉았다가 경쾌하게 집으로 갔다
우울한 날에는 동편을 향해 앉고
기쁜 날에는 서쪽으로 앉았다

버스는 갈 곳을 짚어 주었다
실시간으로 빨강색 화살표는 깜박거리고
갈 곳 없는 노인들은 전광판을 따라
예전에 가본 곳을, 살았던 곳을 기억하며
백 년을 더 살았다

버스정류장에 나와 앉아보는 봄, 가을
노인들은 해가 질 때 다시 의자를 확인하고
구청 직원은 가끔 의자에 앉아 누군가를 기다렸다

의자는 따뜻한 바닥을 갖고 있었다

탭댄스

모스 부호다
타자기 두드리는 소리다
글자들이 튀어 오르듯
암호처럼 빠르고 짧게, 세게, 약하게
빗방울이 되어 코끝을 부딪친다
쇠붙이를 박은 언어들은 ㄸ, ㅌ ㅎ, ㄲ,
흩어졌다가 모였다가 공중돌기 하다가
흑백의 파편을 뿌린다
추위를 견디려고 폴짝폴짝 뛰는 추운 나라 사람처럼

허공은 터졌다가 다시 봉합된다
캐스터네츠의 파열음
우리의 암호는 익숙하다
착지하는 순간,
바닥을 치는 소리 듣는다
언제나 그렇듯

타악기처럼 받아줄 울음의 공명이
다섯, 여섯, 일곱, 여덟
광야를 질주한다, 고백한다, 담을 넘는다

넘어진다, 깨진다, 호명한다

모스 부호의 비밀을 벗어난 스팽크, 셔플
발과 구두 사이
발가락 끝과 발뒤꿈치 사이
한 생애가 엇박자로 이어진다

울림과 두드림은 여기까지

토트넘

잔디는 연둣빛 그림자 아래서 소생한다.
초록을 살리는 유리 돔 햇살
흙냄새가 섞일 때까지 농도를 맞추고 빗줄기를 기다린다.

넘어지지 않으려고 도착한 사람들이 달리는 시간 뒤에서 백넘버를 달고 뛴다. 나는 잔디 위 등을 타고 미끄러지다가 깨진 이마에서 붉은 풀의 깊이를 기록한다. 습관처럼 쌓이는 주머니 속 옐로카드들.

가만히 있으면 엄지발가락 발톱이 자라서 걸을 수 없다는 남자들이 무엇인가 걷어차기 위해 경기장으로 들어오고, 공이 진두지휘하는 허공에서 넘어지는 법을 배운다. 앞으로, 옆으로, 위로, 받아 넘기고, 뒤에서 당기고, 밀치고, 날아가고.

오래된 우물, 핫스퍼, 빨간 이층 버스, 공을 따라 속력을 내는 깃발들을 지도에서 찾으면 경기장이 나온다.

지게차는 느린 동물처럼 손을 뻗어 뒤엎어진 잔디 뿌리를 다시 심고 바람을 섞어놓는다. 관중이 돌아가야 복원하는 저녁, 주저앉고 튀어 오르고 넘어지며 달려가던 함성이 수만 개 의자에 걸터앉는다.

경기가 끝나면 잔디는 게이트 입구에서 고요한 기록을 기다리며 뒤척일 것이다. 동굴 속을 통과한 출입구 계단이 '나의 운명'이라고 외치는 사람들을 태우고 잠자리처럼 카메라를 따라간다, 로버트처럼.

  잔디는 갈라지다가 다시 만나고 스프링클러 방향으로 각도를 틀다가 관객이 나타날 때쯤 전복한다.
  잔디가 응원을 마치고 물을 마실 때 식당은 선수들을 기다리며 문을 연다.
  물탱크를 굴리며 소행성처럼 떠다니는 유니폼의 글자들.

옥상

혼자 갑니다
바람이 있는 곳으로 몰래 올라갑니다

오 분 후에 두 사람이 됩니다
방을 찾지 못한 사람들이 약속한 듯 등을 세우고
탁자를 찾지 못한 세 사람이 손바닥을 받치고
십 분 후에 다섯 사람이 됩니다
담배를 피우며
먼 지평선을 바라봅니다

누군가 뒤에서 내 모습을 장악하고 있습니다
혼자 있고 싶은데 혼자가 될 수 없는
입김을 불 수 없는 유리창,
사람들이 자꾸 유리문을 만들고 비밀을 쌓고 있습니다

엘리베이터를 타고 올라온 종이컵이
먼지바람을 싣고 그림자 루머를 따라갑니다
시든 꽃잎을 싣고 다른 건물로 갑니다
출발선에서 시작한 비밀의 끝이 보이지 않고

어제는 아무 일도 없었습니다

그저께는 아무 일도 일어나지 않았습니다

올라가는 이유와 바람이 불어줘야 하는 까닭을
우리의 뒷모습은 다 알아챕니다
환기통에서 출렁이는 구름의 신기루

혼자가 되려고 다시 내려 갑니다
오 분 후에 두 사람이 사라지고
익명의 다섯 사람이 계단 쪽으로 향합니다

담배 연기는 아직 몰래 남아
허공에 흔적을 새깁니다

불면은 밤에만 있는 거래

해가 안 뜨면 어떻게 하지?
사방연속무늬와 양떼들을 걱정하는 밤

커튼 하나 사이로 어둠이야
밤의 뇌 작용을 지속시키는 기면성은 떠나고
불면은 시인과 어울리는 거라고 해

밤만 기억하는 우리들, 해결되지 않은 논쟁은
밤까지 기다려 볼까

　밤으로의 긴 여로, 밤의 불청객, 밤의 마술 피리, 밤의 여왕, 밤하늘의 별을 따라, 밤하늘의 트럼펫, 은하철도의 밤, 루카치의 별을 따라가는 밤, 밤은 소유격이 필요한가봐

밤에 깨어있는 사람은 걱정이 많대
밤의 모서리가 깎여질까봐
밤의 두께가 얇아질까 봐
나팔꽃처럼 귀를 닫고
밤이 날아갈까 봐
별이 가는 자리를 지키고 있는 거래

또 걱정하는 밤, 낮을 걱정하지 않는 밤
불면은 밤에만 용기가 생기는 색깔이래

낮에는 잠이 안와도 불면이 아니잖아

김철홍

정오의 음악회
그림자 밖 그림자—2
허공의 질감
시시詩詩한 여행
가을 음계

2013년 『시와세계』 등단
시집 『선과 색 그리고 각』
whatdowhatdo@naver.com

정오의 음악회

너의 열 손가락, 나의 열 손가락이
하얀건반, 검은 건반을 두드린다
저음에 고음이 타오르고
고음에 저음이 겹치고 간지럽힌다
새싹 하나 둘, 꽃잎 하나 둘 셋, 봄 하늘을 밝힌다
아리 아리 병아리, 나리 나리 개나리가 달려온다
풀잎이 흔들린다 봄빛 스치는 리듬이 산책을 한다
햇살은 안달나서 안절부절하다 리듬으로 박힌다

똑딱 또오딱 똑따악 봄 방울 떨어지는 소리
구슬처럼 굴러가는 소리, 자연의 합주
꽃망울 맺히는 소리, 햇빛 터지는 소리는 봄볕의 목탁
쿵쿵 발구르는 봄의 빛깔, 소소리 바람 따라
찾아드는 고요, 적막의 한참이 찾아 온다
시간의 호수가 너무 빨리 더 샛노랗해져 간다
봄의 향기가 얼마 남지 않아서 쿵쿵거리는 소리
봄의 정오를 낚아채야 한다

바다와 갈매기의 만남,
꽃샘바람과 진달래의 만남, 국악, 트럼펫의 만남,
추억 농익은 연주에 뭉게구름이 흘러간다.
구름 사이로 햇빛을 쏟는다

봄의 생살이 돋고 트럼펫의 소리처럼 뚫고 퍼진다
연초록 구름 봄빛 물든 소리, 봄비의 추억,
봄 햇살 품은 벚꽃 열매가, 봄 향기가 터진다
정오의 여백이 든든한 배경, 나를 끌고 간다

그림자 밖 그림자 - 2

나는
그림자에 묶여
나를 벗어나지 못하는데,
나를 쫓아오느라 바빴던 그림자
나를 풀고 앞걸음 하며
황혼을 끌고 간다

나 밖 그림자
그림자 밖 나
내가 먼저일까? 그림자가 먼저일까?

짧으면 짙어지고,
길면 옅어지는
그림자 밖 그림자
짙어야 할까, 길어야 할까?
그림자 속 나는 어디를 걷는가?
지워야 할까, 이 순간!

허공의 질감

하늘이 정해 준 공간이다 허공을 휘젓고
그 허공은 나를 휘젓고 있다
첫사랑 하듯 숨을 쉰다
허공에서 허공으로 시가 떨어진다
그 소리에 목련이 핀다 활짝 핀다

목련 잎이 바람을 가져온다
전율은 대기 중,
꽃보다 아름다운 시어가 흘러 나온다
시詩 세움이 나에게 왔다, 뭐가 보여?
대답없는 것도 대답이 된다

오해는 다양성의 시작이 되고
새로운 이해의 시작이 되면서
모서리가 흘러내린다 하모니의 고통
심장을 고통에서 구해 줘
떨어진 백목련, 눈부시게 시어로 박힌다

시인의 꿈, 꿈 속의 시인
장식이지, 거품이지 했지
꽃잎들이 내 주위에 울타리를 쳐
나 지금 어디에 있지? 날 찾았다

화음의 원이 완성된다
시대의 질감, 허공의 질감

시시詩詩한 여행

어렵다는 현실에서 그는 시가 쉽게 쓰여져 부끄럽다고 했다 막다른 골목길, 나는 사는 게 부끄러워 그 부끄러움을 닦기 위해 시를 쓰고 시인이 되었는데…… 그는 그에게 작은 손 내밀어 눈물과 위안의 최초 악수를 하지만, 나는 나에게 비겁을 내밀며 버티는 것도 새로운 저항이라고 존경과 희망의 악수를 이 시인과 김 시인에게 하였다.

그는 학사모를 쓰고 어두운 밤, 별을 헤아렸지만, 나는 마오쩌둥 모자를 쓰고 어둠이 스며든 차창 속 부끄러움을 헤아린다 어두운 밤 나를 헤아린다 노란 어둠, 붉은 어둠, 시커먼 어둠, 어둠은 몰아치고 고양이 눈빛이 눈을 찌르며 달려온다 고난의 진격, 밤은 보이지 않고, 통증을 느끼는 자작나무, 나만 보인다.

학사모 벗겨진 그의 묘지 위가 사막, 나는 허공에 기대어 천지의 뒷태를 셔터에 담는다 버스 뒷자리 담화는 동주 부끄러움보다 더 익어가고 비석이 되고 연변 아이들 시 낭송이 되고, 어둠이 튄다 나는 풀어지고 안개가 도주한다 가는 나도, 오는 나도 없이 동주 우물에 빠져 참회록을 쓴다.

나도 그와 같이,
시가 쉽게 쓰여져 부끄러워 할 수 있을까?

가을 음계

저 음, 저음
그윽한 그 음, 그음
허공을 긋는다, 무겁게
달이 뜬다 뜬다
내 가슴 속 달빛이 쏟아진다
흘러내린다 흘러 흘러
긴 숨 쉬며 잔잔히 스며드는 저음
백송이 장미보다 가슴에 핀
한 송이 장미가 더 소중히
울려 퍼지는 붉은 달빛 소리
단풍잎이 떨어진다
붉은 단풍잎이 달빛을 붙들고 있다.

저 멀리 지평선 밖
붉은 노을이 퍼진다
논둑길마저 짙은 붉은 선이 되고
리듬이 걸어간다, 심장이 뛴다, 터진다
연분홍 벚꽃이 활짝 피고 연분홍 동굴을 만든다
하늘은 더 붉고 능선의 소나무는
더 어두워 진다, 저음은 고음을 잇고
나무 사이로 들어오는 햇살, 햇살

연두빛 신록이 숨을 긋는다 그음, 그 음
이음, 이 음 나를 잇고 길들이다 너의 존재가 된다.

고음, 고음 고운 음
별빛 쏟는 소리
별빛의 신음, 신음, 쉼, 여백, 공백
붉어져 가는 허공
그 사이로 바람이 분다
손가락이 달린다 하얀 건반이 뛰어간다
터지는 고음 고음 그 음을 찢는 음표
허공을 찢는다
호수에 별빛 스며들고 달이 뜬다
하얀 구름이 살며시 앉는다
풀잎 스치는 리듬, 풀벌레 소리가 춤을 추며
달빛 소리를 반사한다.

최종월

낙타는 무릎을 꿇어야 잠들 수 있다
고요가 팽창할 때
초대 받은 날
금어기禁漁期
먼지 한 됫박

2011년 『문학시대』 등단
시집 『반쪽만 닮은 나무읽기』 『사막의 물은 숨어서 흐른다』
『쟁이 던지는 당신에게』 『나무는 발바닥을 보이지 않는다』
bellmoon47@hanmail.net

낙타는 무릎을 꿇어야 잠들 수 있다

소금블록 싣고 행군 중이야. 밤을 만나기까지 더 걸어가야 해. 물기 한 방울까지 다 토해낸 소금은 정제되기까지 몇백 번 뒤집혔지. 낮은 곳으로 흐르는 물처럼 등뼈가 내려앉고 있네. 사막의 지평선은 자꾸 지워져 끝이 보이지 않아. 바람을 삼키고 바람을 뱉으며 바람으로 되새김하며 걷는 거야. 이상하지. 그림자들은 누운 채 외길로 따라가고 있어. 어둠이 비처럼 내려 그림자를 재우면 소금블록 내려놓고 무릎을 꿇어야 해. 눈 뜨기 전 오늘 만든 외길은 지워질 거야. 마른 풀 먹고 두 줄의 눈썹을 감고 잠들어. 등뼈도 무릎도 아프지만 무릎 꿇는 일이 더 힘들어. 때로 사흘 밤낮을 잠들지 않고 걷지만 무릎 꿇는 일은 혼자 할 수 없는 일이야. 그림자 위에 엎드려 잠이 들지. 새벽이 되면 다시 무릎 세우고 넓은 발가락으로 외길을 만들 거야. 밤이면 지워지는 길을.

고요가 팽창할 때

돌의 협곡에서 귀 기울입니다

나팔이 된 귀를 절벽에 붙이고 기다려요
돌이 잠에서 깨어날 때까지요

심장 뛰는 소리가 아스라이 들리네요
내가 잠들기 전에 깨어날까요?

풍선이 더 이상 팽창할 수 없을 때
끈을 놓을 거예요
내게서 떠나 천정을 향해 치솟는 거죠

왜 여기서 풍선을 불고 있을까요?

바람은 오래전부터 노숙 중이에요
날아오르는 풍선이 바람의 옷자락을 붙잡지만
바람은 점점 더 낡아가고요

숙성된 고요를 만나고 싶어요

눈 맞추는 하늘 한 조각

허기 채워주는 식빵 한 조각이면 충분해요

깊이 묻혔던 말씀에 귀 기울이고
돌의 허밍에 가슴은 부풀겠지요

고요가 팽창하면
협곡 틈새에서 날아오를 거예요

초대 받은 날

초대 받은 날인 걸 잠시 잊거나 자주 잊었다

풀밭에 앉아 쑥을 뜯는다

연한 쑥 줄기를 싹둑 자르는 모순
하늘 보며 편안하게 숨 쉬는 자유

살구나무에 꽃등이 매달리고
목련꽃이 별이 되어 내려오고
조팝나무 두 팔 벌려 함박 웃는다

이 땅에서의 삶은 꽤나 저렴해*

살아가는 건 걸어가는 거다
햇살을 꼭 안아주는 거다
끊어진 통화
그 다음을 기쁘게 적어 보는 거다

지구의 봄날에 초대 받은 지금
경사진 풀밭에 주저앉아

---

* 비스와바 쉼보르스카 시 '여기' 에서 인용

엉덩이로 우주의 별 하나를 밀고 있다

만난 적 없는 행성의 먼 그대에게
초대장을 띄운다

금어기 禁漁期

잠시, 아주 잠시 눈 감고 기다려주자

물이랑이 다시 수평선으로 돌아가는 시간은 짧다
별똥이 지구에 닿는 시간도 짧다
내 집 앞을 지나가는 그의 발소리가 사라지는 시간도 짧다
말씀이 어려워 미소로만 대신하던 아버지의 시간도 짧다
어머니에게는 상상 속의 산이 있었다
"외롭게 사는 것들은 남산 아래 집 짓고 모여 살아라."
우리를 웃기시던 치매의 시간도 짧다

잠시, 아주 잠시 비켜서 기다려주자

나뭇잎도 작은 바람은 살짝 비켜준다
사나운 바람에는 온몸으로 맞선다 부러져도 맞선다
택지조성 기다리는 들판에 개망초가 모여 시위 중이다
진격도 저토록 조용하고 아름다울 수 있다
산등성을 타고 오르는 저들의 함성은 희고 눈부시다
오르거라
아직은 너희들의 땅이다 등성이를 넘어라

잠시, 아주 잠시 바라보며 기다려주자

〉
지금은 금어기다
통발 속으로 들어오지 말고 심해로 가라
내가 놓친 것들로 바다는 지금 푸르다
내가 놓친 것들이 산등성을 허옇게 포복하고 있다

먼지 한 됫박

외투를 걸친다
먼지들이 좋아라 날뛰고 있다
겨울 햇살이 뚫은 빛의 터널 안에서 아우성이다

나와 동행했구나
함께 잠들었구나
꿈도 같이 꾸었구나

흩날리는 먼지들은 내 평생에 몇 됫박이 될까
잎 떨군 나무들이 지켜보는 산그늘 돌다가
다시 빛 속으로 내 영영 돌아오지 않으면
일생 동안 흩날린 저 먼지들 어쩌나

아직 싹 틔우지 못한 말
아직 마르지 않아 질척이는 발
허방 딛을 때 깨어진 무릎
아직 지워지지 않은 얼룩

나만 졸졸 따라다닌 저것들 돌아오지 않으면
빛 속으로 돌아오지 않으면
그만큼 우주 어딘가 한 됫박 공간이 투명해질까

〉
지상에는 햇살 찰랑이는
적막한 공간이 한 됫박 생길 거야
그럴 거야

최범석

바오바브나무에서 별똥별이 쏟아졌다
별빛, 천 년을 거슬러
경주 남산에 가면 부처가 된다
대왕암 일출
어머니와 트롯 맨

2024년 『시와세계』 등단
dudrira88@hanmail.net

바오바브나무에서 별똥별이 쏟아졌다

마다가스카르의 하늘은 검은색이었다
눈 뜨고 싶지 않은 요일의 색깔이 그랬다

나는 거칠고 푸르른 풍요에 취해 조롱박 같은 꿈을 바오바브나무에 매달았다 여자가 산들산들 다가와 나무를 흔들었다 별똥별이 여우비처럼 쏟아졌고 나의 어린 왕자는 알람브라 궁전의 추억으로 고요를 채웠다

여자가 나를 길들인다고 했다 처음엔 부드러운 혀로 애무하다가 매섭게 달려들어 나무를 쓰러뜨리고 바위를 부수었다 여자는 변신을 거듭하며 나를 혁명했다 철없이 환호하던 꽃잎이 부서지며 소복소복 일어서던 변명을 내 품에 파묻었다

나를 찾아온 발자국들이 만든 길은 사라졌고
오아시스는 신기루가 되어 달아났다

어딘가 감춰두고 찾지 못한 샘물은 새로운 꿈이 되고
낯익은 풍요를 벗겨낸 내겐 벌거벗은 고독이 메마른 등고선을 그리며 낙타 무덤처럼 쌓였다

눈을 감으면 여전히 마다가스카르의 하늘은 검고
바오바브나무에서 별똥별이 쏟아졌다

별빛, 천 년을 거슬러

별똥별은 간절함을 이기지 못했다 안쓰러웠을까 천 년 전 석공은 떨어진 별똥별을 모아서 하늘에 닿는 제단을 쌓았다

그리움일까 밤이면 쏟아내는 별빛 냄새, 그 반짝임을 따라 누구도 침범하지 못한 제단에 올라선다 두 손 모으면 허영심 가득한 도시의 빛에 주눅 든 별이 실눈을 뜬다

선화를 태운 거룻배가 서문나루에서 떠나간다 배웅하는 사람들, 돌아서서 훔치는 눈물이 따뜻하다 나는 남을 위해 즐거운 눈물을 흘려본 적이 있었을까

천 년을 잠들지 못한 페가수스가 주인의 무덤에서 빠져나와 새치름한 메밀밭 사잇길을 달려간다 정직한 궁수는 빛을 쏘며 케페우스의 왕릉을 지키는데, 주인 잃은 일곱 개의 주춧돌은 선을 벗어나지 말라는 왕국의 경고에도 자유를 꿈꾼다

반월성 돌아 흐르는 은하수가 흥청거린다 산개성단에 감춰둔 여왕의 보석이 찬란히 빛나고 용골자리성운은 취한 듯 눈빛이 몽롱하다 닥나무껍질에 쓴 내일의 사건을 모르는가 보다

멀리 발길 닿지 않는 곳, 봉래산 너머 페르세우스 유성우는 망국

태자의 눈물일까? 흐느낌도 없이 주르륵주르륵 쏟아지는 밤

   별빛을 따라 천 년을 거슬러 걸어가면
   뭇별 사이사이에서 토르소 같은 이야기가 나를 붙든다

경주 남산에 가면 부처가 된다

용장골 물길을 거슬러 남산에 오른다
이마를 적시는 땀이 고행의 눈물이 될 즈음
송홧가루 짙게 밴 산길이 코에 닿을 듯 일어선다
구름 투구를 쓴 고위봉은 반갑다 눈짓하고
이 산 저 산 올려보는 여기가 도솔천이다
미끄러지는 산자락을 가로막은 바위벽에
녹슨 인연이 끊어질 듯 그려낸 그윽한 미소
소나무 무성한 산비탈 한 자락 헐어낸 여백에
멧돼지 같은 바위를 공손히 앉혀놓았다
모난 마음이 싫었을까, 그 위에
각진 모서리를 정으로 다듬고 다듬은
도넛 같은 여섯 개의 우주를 쌓아놓고
꼭대기에 앉아있는 머리 없는 부처,
나는 머리 없이 천년을 살았노라
산꿩의 맑은 울음소리에 발 담그고 쉬어가라 한다
어느 고승이 앉았을 소나무 그늘 너럭바위에 앉아
헐떡거리는 가슴을 비우고 순결로 채우는데
바위틈에 똬리를 틀고 사는 늙은 소나무
넌지시 말을 걸어온다
네가 새로 이사 온 부처냐고

대왕암 일출

쏟아내는 양수가 바다와 하늘을 붉게 물들이고
산통을 인내하던 속울음이 몰려온다
수평선 너머 슬쩍 비치는 얼굴
아이처럼 어깃장 놓던 방게가 발걸음을 멈추고
수중릉 수비하던 갈매기들 날갯짓 접었다
해변에 늘어서서 이 순간을 기록하는 카메라
숨죽인 채, 셔터 소리 조심스레 쏟아내고
전설의 용울음 소리
그 파문이 금빛으로 밀려온다
금방이라도 단물 쏟아질 듯
둥실 떠오르는 수밀도 하나
행여, 고빗사위에 흐무러질라
두 손 모아 떠받치며 탯줄을 잘라낸다
드디어 천년을 웅크리던 동해의 용이
눈부셔라, 이글거리며 승천한다
출렁출렁, 허탈한 신음소리 몰려오고
막심 므라비차는 엑소더스를 연주한다
사라졌던 감은사의 동종이 다시 울리고
숨죽이며 바라보던 갈매기
떼 지어 날아올라 춤을 춘다

어머니와 트롯 맨

　구순의 어머니가 세 평 아침가리골에 갇혔다 이웃들이 탱자나무 울타리를 쌓고 자동차는 실어증을 앓고 검은 바닥 드러난 달구벌대로가 하얀 마스크 흘리며 달아났다 봄이 섧다는데 들창문 열리지 않는 도시

　매캐한 화약 연기에 어린 무명옷 그을린 그날이, 신작로 한복판 빼뿌쟁이처럼 살던 그날이 다시 찾아왔나 보이지도 잡히지도 않는 섬뜩한 역신疫神이 방문 두드리는 어머니의 방에 불꽃 터트리며 찾아온 남자들

　수은등 밝히고 대문을 가로막은 *천년바위* 밀어낸다 울 엄마 간절한 *바램*이었을까 *18세 순이*와 *명자*를 불러오니 모진 *보릿고개*, 시린 *달래강*을 훨훨훨 건너가는데 나루터 *진또배기* 아래 *상사화*의 여백은 고인 *눈물비*였나 *고맙소* 건네는 *막걸리 한잔*이 변주한다

　아무도 오가지 않는 회색의 계절에 금줄 걷어내고 봉숭아 꽃물 들이며 밤낮을 지켜준 어머니의 영웅들, 오늘도 어머니의 방은 비눗방울 방글방글 맺히고 민들레 홀씨 날아가는 살구꽃 흐드러진 봄날이다

---

* 기울임 꼴은 노래 제목

강문숙

드라이플라워
단애丹涯의 노래
고요의 행방이 묘연하다
결탁
버릇이 그릇이 되고

1991 『매일신문』 신춘문예 등단, 1993 『작가세계』 신인상
시집 『잠그는 것들의 방향은?』 『탁자 위의 사막』 『따뜻한 종이컵』 『신비한 저녁이 오다』
『나비, 참을 수 없이 무거운』 등
mugu1225@hanmail.net

드라이플라워

당신은 참 잘 죽었습니다

최선을 다한다는 것의 최선인 몸이
죽기를 다해 죽는 저 지극함으로

가만히 바라보는 이쪽은
얼마나 더 아름다워야 합니까

공기가 몸 사이를 드나들며 만드는
여백,
그게 답이었다면

그 간절함으로 깊어가는 그리움 속에
나도 천천히 말라가야 겠습니다

나를 찾기 위해 나 아닌 것들을 견디고
그 후에 남는 것이 진정한 꽃이었다, 새기는

죽으면서 사는 저 모순의 텍스트

이제 나도 잘 죽겠습니다

단애丹涯*의 노래

강가에서 나는 울었네
누군가 그립지 않은데
온통 그리움에 젖어
주룩주룩 물이 되어 흘렀네

입이 없으므로
소리도 없는 울음이었네
물가에 서서 먼 메아리처럼
제 울음 번지는 소릴 들었네

울다가 지쳤네
하늘이 붉게 물들어 있었네
기울어 서 있는 가여운 몸 하나
감청색 그림자 길게 드리우며
생각하는 나무가 되었네

그리워하니까
그립지 않은 나무는
붉은, 물가에 오래 서 있네

---

* 丹涯 : 붉은 물가

고요의 행방이 묘연하다

바람은 여전히 불고 흔들리지 않는 것 없는데
창밖의 꽃을 보면서 그 고요를 탐한다

꽃은 제 몸만큼 흔들리고 있다
제 눈동자만큼의 세상을 바라보고 제 뿌리만큼만
땅을 차지한 채, 저의 하늘을 열고 꿈꾼다

꽃이 왜 하필 그 날 피었는지 아무도 모른다
다만 꽃을 제대로 볼 수 있는 때가 된 것과
그 기미를 고요 속에 담아두는 걸로
우린 서로의 시선을 공유할 뿐이다

결탁

요가 교실에 갔다

아픔을 바라보세요,
숨을 의식해보세요,

팔다리 찢느라 뻐근하게
바라보고 의식하느라 용을 쓴다
아픔을 바라보라니!
일그러진 문신이 몸에 새겨지기 일보직전
숨을 의식하라니!
내가 모르는 사이에도 들락날락 하던
포슬포슬 공기방울 일시에 터진다

자신을 느껴보세요,

하나하나 던져놓은 팔다리 내 것 아닌 듯
온전히 내 것이었나
몸을 이리저리 꺾느라 사뭇 분주하다가
겨우 오는 느낌적인 이 느낌

마음이 고요해지는 걸 바라보세요,

〉
요가와 시는 한통속이다
언어를, 몸을 해체하고
본질을 각도에 맞게 풀어보면서
이윽고 물체만 덩그러니 남아 길이 되고
고요한 침묵의 세계로 들어가는 정신

나는 월수금 요가를 한다
나는 밤마다 시의 사지를 찢는다

없다, 요가인 줄 알았는데 시가
시인 줄 알았는데 요가, 라니
제대로 결탁하면 경계가 없다

버릇이 그릇이 되고

우리는 자주 입버릇처럼 인사한다

아모르 파티
카르페 디엠
미라클 모닝, 모닝 닝!

다정한 이 아침인사 하루 종일 맴돌아
저녁 등불 켜질 때까지 얼마나 남아 있을지
입술들이 기억하는 시간을 의심할 때가 있다

쉽게 별 생각 없이 던지는 의례적인
그 입버릇, 숙주처럼 자라고 자라
가슴 버릇이 되고
삶의 버릇이 되다가
그 버릇, 나의 그릇이 될지니

버릇없던 사람이
옷처럼 그 입버릇을 입고
온 몸에, 온 뼈에
마침내 온 정신 구석구석마다
아모르파티, 카르페 디엠, 미라클
모닝, 몽글몽글 이 좋은 말

문신처럼 새겨 넣어

너 참 버릇 있는 그릇이로구나,
참다운 나로 태어나
환한 나비의
궁극에 닿을 수 있다면

한상규

밤
김남조 시인
이상한 나라의 이상하지 않은 앨리스
겨울, 12월 31일, 다시 겨울
Rhyme

2003년 『시와세계』 등단
시집 『나와 파르마콘과 생각버스』, 2022 시와세계 작품상 수상
hansk95@naver.com

밤

이 밤,
자판을 두들기며 무언가를 지웠다가 다시 쓰고 반복하다 보면 찾을 수 있을까? 책상 위에는 해변의 카프카가 있는데 책장을 넘겨본적이 없어서 카프카가 사람이름인지 건물이름인지 물어보고 싶지만 도대체 어디에 있을까? 지금도 계속해서 찾으며 빈문서1에다 하소연하고 있지만 도무지 모습을 보이려 하지 않는다. 하얀색 화면 위에다 알 수 없는 수수께끼같은 말들만 나열하지만 화면이 반쯤 채워진 지금도 정체를 알 수 없다. 말과 말이 무수히 반복되어 지루해진 지금 소리쳐 부르고 싶지만 카프카한테 미안해서 외칠 수 없다. 지금 쓰고 있는 이 말이 인쇄돼 나오게 되면 검은 색 리본을 카프카에게 선물해야겠다. 선물한 리본을 발목에 묶고 밤이 오길 기다리면 카프카가 말이 되고 글이 되고 당신이 된다. 그렇게 당신이 카프카가 되고 내가 카프카가 되고 검은 리본을 단 말 많은 짐승이 하얀 거리를 당신을 나를 카프카를 찾아 헤메이는
이 밤,

김남조 시인

시집에 대한 격려와 칭찬이 맑은 거울 같은 목소리에 담겨 실려 왔다. 성함을 물어봤지만 77년생이면 27년생인 본인과 50년 차이가 난다며 누구인지 모르겠냐고 했다. 나처럼 굳어 버린 풀 같은 글을 쓰는 사람이 어떻게 감히 50년을 풀 수 있을까?

"나 김남조예요. 알아요?"라는 선생님의 음성이 '그대만큼 사랑스러운 사람을 본 일이 없다'는 수능 필적 확인란의 메아리가 돼서 머릿속을 날아다니고 있었다.

"학교에 있으면 국어 선생님이겠죠. 학생 중에 시를 배울 때 눈이 반짝이면서 밑줄을 긋는 학생들이 있을 거예요. 그런 학생들을 잘 가르치세요. 여기 보니까 주소가 있네요. 시집을 한 권 보낼게요. 그런데 내가 깜빡깜빡해서 못 보낼 수도 있어요. 앞으로 좋은 시 많이 쓰세요."

아직 좋은 시를 하나도 쓰지 못한 부끄러운 국어 교사는 언제쯤 조팝나무에 매일 피는 꽃과 같은 시를 새길지 알 수 없습니다. 하지만 선생님처럼 이름이 시가 되고 사랑이 되고 꽃이 되고 다시 편지가 되어 50년을 뛰어넘을 수 있도록 매 순간 기도하겠습니다.

이상한 나라의 이상하지 않은 앨리스

앨리스가 도착했을 때 모든 곳은 이상했다 앨리스는 왜 자신이 이상한 나라의 앨리스라 불리게 되는지 알지 못했지만 주변엔 온통 이상한 계단뿐이었다 거꾸로 올라가야만 열쇠가 하나씩 주어지는 수백개의 계단이 있는 곳에서 그녀는 나무인형을 접어 계단에 하나씩 심고 전진하여 열쇠를 얻었다 열쇠를 사용하여 들어간 곳마다 흰토끼와 모자장수와 애벌레가 나타나 체셔 캣을 보고 앨리스가 말했던 "Was it a cat I saw?"는 뒤로 읽어도 똑같은 이유가 무엇인지 물었다 앨리스가 무언가 말하려 하자 입에서 고양이가 튀어나와 "was I tac a ti saW"라고 대답했다 고양이와 흰토끼와 모자장수와 애벌레는 그렇게 앨리스와 함께 이상한 이야기로 만들어진 차가 되어 달리거나 마셔졌다

앨리스야 이상한 나라의 앨리스야 이상한 나라 앨리스의 이상한 나라야

오늘도 너는 이상한 나라에 도착했지만 이상하지 않은 앨리스는 어디에도 없고 이상한 나라만 있으니 이상하고 이상하지 않구나

겨울, 12월 31일, 다시 겨울

겨울은 1월에도 12월에도 찾아온다.
1월 1일 겨울은 처음이지만
12월 31일 겨울은 끝이다.

겨울
12월 31일
늦은 밤
눈이 내린다.
내리는 눈은 마지막이지만 다시
처음이 된다.
내리는 눈과 이미 내린 눈이
엉겨붙는다.

겨울이
마지막 눈을 내리게 하고
겨울이 다시
처음 눈을 내리게 하는 것인지
눈이
겨울을 처음 오게 하고
눈이 다시
마지막 겨울을 오게 하는 것인지

알 수 없고 알고 싶지만

처음이자 마지막인 다시
처음인 눈을 맞아
하얗게 탈색된 검은 눈썹 위
내리는 눈물 아래에서
12월 31일 늦은 밤
나는 눈물 흘리며 웃음 짓는다.

Rhyme

아버지가 없는 지금 라임이 생겨나
아프리카에서 레게가 출발했다지
이름도 없는 나무
우주 수많은 인공위성은 루게릭병에 걸려
어찌할 수 없이 떠다니기만 할까
아직도 오리는 팔이 없어
어지럽게 계속 어지럽게 아프리카로
오스트리아에서도 발견된다지
지금도
도망치는 파프리카
아버지는 라임을 잊어버렸지
이제 그만 잊자
아프리카
아버지
이름
음악도
오리가 먹은 파프리카
아름다운 라임도

이강하

안압지雁鴨池
반구대 암각화
칸나의 해안 —장생포
줄무늬 돌
폭우

2010년 《시와세계》 등단
시집 『화몽花夢』 『붉은 첼로』 『파랑의 파란』 등
uree7766@naver.com

안압지 雁鴨池

여기에는 무수한 방이 연결되어 있다
벽과 바닥에 각기 다른 얼굴이 연결되고
기둥마다 각기 다른 능력이 연결되고
저녁 또는 새벽이 되기 위해
고요함 속 민첩함은 자주
흐트러진 마음을 불러 모아 경계를 허물지

어쩌다 세상 밖 먼지를 뒤집어쓴
무거운 것들은
고독한 기다림으로 밤새 북을 쳤을 테고

어둠이 달과 나란히 같아질 때
방과 방이 합이 되는 순간엔 별하늘이 쫠쫠 쏟아졌을 테고
선禪을 재구성한 물빛
공동체를 원하는 벽과 벽 사이
나무 새 바람 몸짓이 예사롭지 않았을 테고

방과 방의 통로는 뜨거운 계절일수록
빗소리가 자주였을 테고

불현듯 누군가도

저기 저 깊숙한 물의 혀를 닮아보겠다고
밤새 신발 벗은 채 밤하늘을 귀찮게 했으리라
몸은 뜨겁게, 꽃이 피는 밤.

반구대 암각화

먼 바다의 질문이 섞여있다바람이 많아지면 음각은 더 섬세해질까

절벽에 꽃이 피면 음각은 그늘을 견디고그늘이 잠시 눈을 감았다 뜨면, 먼 옛날호모 사피엔스가 말을 걸어온다태초의 해안선이 그립다고그때는 사방이 봄날이었다고

음각 속 물방울들이 혁명을 부르짖듯철썩거린다파도 망토를 두르고

금방이라도고래 사슴 호랑이 멧돼지가 튀어나올 것만 같다여기저기서

오늘 밤 당신은 나의 절벽면 섬 별 냄새가 난다그래서 당신은 암갈색이면서 깊다

칸나의 해안
—장생포

언덕 아래 나를 사랑한 너는 누구일까

자본의 탐욕을 메고
언덕 위로 뛰어간 토끼는 누구일까
높은 곳과 빠른 걸음을 고집한다면 진정 이기주의일까

거북이 책이 토끼 책에게 감동을 준다면
우리 바다를 지켜내지 않을까

침묵한 골목 침묵한 그림 침묵한 풍금 침묵한 의자 침묵한 배
침묵한 우리가 다시 태어난다면
무엇으로 바뀌고 싶을까

달 뜬 저녁이면 여기는 눈부시다
소년과 소녀가 손을 맞잡듯
칸나는 더 뜨겁다

노을과 파도의 맛이 빼어난 여기
잠깐이라도 머문 입술들만이 장생포를 안다
사랑을 안다

토끼와 거북이가
대대손손 문화창고를 이어갈 여기
타지에서 온 어린 고래 방문 리뷰도 장난이 아니다.

줄무늬 돌

줄무늬 우는 소리가 요란하다
팔색조 햇살 내리는 계곡
지팡이 짚고 걷는 그림자들, 청색 층이다

줄무늬 검정돌이 우리에게 말을 거는 사이
세계적 교량 열두 개가 널뛰기를 했다
전쟁으로 죽은 아이가 아른거린다면서

그래, 이젠 한마음이면 좋겠어
전쟁 없는 세계라면 좋겠어
줄무늬 돌이 나무에게 말을 거는 사이
줄무늬 셔츠를 입은 소녀가 내 앞으로 빠르게 지나간다

줄무늬 셔츠는 한때 내가 사랑한 친구가 즐겨 입은 옷이었지 함께 줄무늬 셔츠를 입고 봉사하러 가는 날에는 발걸음도 초록이었지 그런데 가끔 친구의 친구들과 축구를 했던 장소가 떠올라 심장이 쪼이는 것처럼 통증이 올 때가 있어 어쩌다가 친구의 친구와 심하게 몸싸움을 했고, 서로의 사과는 사과를 해도 피투성이 사과나무로 남았지 이제야 고백하는데 그때 그 주변 화살나무는 우리보다 더 고통이었다고

지금 나라 밖 전쟁도 있을 수 없는 일이라고
줄무늬 돌들이 계속 운다
돌과 돌 사이
물소리는 누구의 기도일까.

폭우

비를 뒤집어쓴 길이 헝클어져 발목에 닿았어요. 무거운 빗소리에 길이 자꾸 쿨렁거렸어요. 잠수교는 이미 잠겼고 자전거도로로 휘어진 길이 넘쳐 오르는데 뱀이 오고 있었어요. 엉킨 길을 잘라먹으며 헤엄쳐오고 있었어요. 혀를 날름거리며 나를 빤히 보면서 말이지요. 순간 등에서 소름이 쫙 돋았어요. 너무 무서웠어요. 아! 저 길을 어떻게 가져오지? 불현듯 엄마 얼굴이 스쳐지나갔어요. 무릎까지 물이 차오르는데 말이지요. 길이 사라지기 전에 우체국에 도착해야하는데 점점 빗소리는 거세졌어요. 장우산으로 물을 탁탁 때리며 길을 잡아당겼어요. 뱀이 따라올까 봐 소리소리 지르면서 말이지요. 그날처럼 뱀이 무서운 것은 난생 처음이었어요. 근래엔 작은 뱀들도 무섭잖아요. 오빠의 슬리퍼를 신어서 그나마 다행이었을까요.

우체국에 도착하니 뱀이 뱉은 길들이 슬리퍼에 다닥다닥 붙어있었어요.

황려시

가시엉겅퀴
지렁이
서로 다른 두 개를 하나로 쓰면 어떨까
미필적 호명
늘어나는

2015년 『시와세계』 등단
시집 『머랭』, 『사랑 참 몹쓸 짓이야』, 『기분을 다 써 버린 주머니』
nurungi3000@nate.com

가시엉겅퀴

유배당했다는 소문을 들었다
척신이 되지 못해 재빨리 죽었다고
부풀기 전에 죽었다고

나를 조심하지 말아요 그냥 밥만 해 줘요 손가락이 베이면 피를
엉키게 할게요

나는 울었다
네가 죽은 줄 알았다
새벽 다섯 시에 생수를 마시고

측근側近 닮은 분홍 수의
나의 거짓말하는 사람아
어쩌고저쩌고 나는 늘어지는 맛이 있다

사람들이 모인다 여기서 뭘 하려는 거지?
믿을 수 없어 갔다가 또 온다 설마 가시가 거짓말을 하겠습니까
제 살을 찌른다 복숭아밭을 지나

우리는 모두 밤이다

너는 담벼락까지만 다다랐고
취소되기 직전이다

지렁이

비 그친 말복 오후 석촌호수 산책로엔 초서로 남겨 놓은 이야기가 많다
이번 장마는 너무 길었다고 잠수교가 서너 번 잠겼다고
태풍 버들이가 한반도에 진입할 거라고……
진액을 다 쏟아 낸 그가 누운 자리에 속기록이 남아 있다 휘갈겨 놓았다
듣지도 말하지도 않는 문장만 흘렸을 뿐 어떤 서체는 이미 지워졌거나 말라 있었다

묵주 대신 온몸의 고리를 궁굴리며 젖은 길의 가로세로 치수도 적어 놓았다
전진밖에 모르는 오체투지로 이마는 일그러지고 생각 하나 나이테 하나
탈진한 전신은 흘림체 아닌 둥근 상형문자로 마무리된다
토룡이 하늘에 오르기엔 아직 비가 모자란다고 썼다

공숯(空)이다

서로 다른 두 개를 하나로 쓰면 어떨까

1.

쪼매만한 박쥐를 만들 수 있다 종이접기로
방은 온통 천장에 붙어 있지
테라스가 흔들리고 다리 하나를 전선에 걸치고
바닥이 날기도 한다 비막이니까
소리가 먼저 늙은 귀뚜라미는 보일러 안에서 보일러가 되고
물 바닥에 알을 품던 강아지와 차 끓이던 박쥐가 그물을 차고 오른다
시가 나를 쓴다 바닥이란 제목으로

2.

아무래도 머리를 잘라야겠다
인형 뽑기만 하면 긴 머리카락이 먼저 잡힌다
언제부터 인형이 되었을까
나는 머리를 자르면 사람이 될까
하수구를 막겠지 머리카락이, 이미 물 건너간 물이 되겠지
 "네게서 남자가 보여"
남자처럼 보인다는 말이니 남자가 있냐고 묻는 거니

배심원은 홀수여야 한다 기울기가 필요한 전화기는 이미 꺼졌고 음성 녹음은 1번 전화번호를 남기시려면 2번.

●물 바닥에 알을 품던 강아지와 차 끓이던 박쥐가 그물을 차고 오른다: 효봉의 오도송에서 시상을 가져왔다.

미필적 호명

해 지는 쪽으로 오라
거기 끝에는 네가 있고 널 만나기 위해 네가 와야 한다
너의 오른 손등을 감쌀 왼손은 비워 두었다

해 지는 쪽으로 오라
바스러진 이파리들은 모두 바람의 것
빼곡히 눌러놓은 문장이 일어서고 풀이 되는 너의 언덕으로
나는 돌아눕지 않았다

네가 도착하는 시간은 아직 어둡지 않아

살아지지 않는 날에
사라지지 않는 날에

늘어나는

그러니까 맨 끝에서 밥을 먹었지
키 작은 탓에 몽돌과 같이 놀았지 묵찌빠를 하면 더 자랄까

바지에 접어 넣은 끝단추처럼 잃어버린 3센티를 찾을 수나 있을까
눈썹까지도 볼 수 있는 키높이 구두를 샀거든

더 길어진 팔로 커피포트 스위치를 올린다
G7 커피는 포트 안에서 터키 여자와 방언을 하고
나는 손을 뻗어 내 편 아닌 모든 밖을 더듬는다
자꾸 늘어나는 손가락과 멀어진 몽돌의 성장판이 흩어지기도 하지

나는 서서히 많아지고

수도꼭지를 틀면 직립으로 키 크는 소리
긴 복도에 돌 구르는 소리

김 덕 현

그림자 놀이
My 브로드웨이
박스 the 박스
물위를 걷는 물고기
캐리비안의 해적

2018년 『시와세계』 등단
dhyun603@hanmail.net

그림자 놀이

문장들이 따라 웃는다 멈춘 노래는 연주는 계속 되어야해 어느 날인가 신호등이 깜빡이고 질문은 나를 삼키고 있어 교차로에서 흰 사막에서 돌아와 캄캄해지는 강물입니다 빈 상자들이 쌓이고 있어 뜨거운 아스팔트 움켜쥔 햇살 한 조각 계단은 알파인가 오메가인가 흰 새들이 날아오르고 풍경을 터트리며 날개를 지운다 손가락을 떠난 흰 달 아무것도 보이지 않아 바닥은 누가 두고 갔나 바코드를 스캔 한다 네가 아닌 것처럼 문앞에는 그림자 하나 빈칸을 두드리는 인기척들 밤이 내려와 우리는 밤이야 여기에서 저기에서 쏟아져 내리는 사라진 나무들 지워지는 빈칸으로 자정을 기다리는 여기서부터 밤이야 자정이야 메아리가 들리지 않아 보이지 않아 하얀 밤이야 눈을 감는다 새벽이

두텁다 폭설 하얗게 질문을 삭제하며 우리는 자정으로 투명해지고

새벽을 꺼내 다시 읽는다

My 브로드웨이

연기를 만난다 긴 사각으로 끊임없이 솟아 오르는 그가 맨발로 기어오른다 바닥에 엎드려 건널 수 없는 독백 이었을까 잃어버린 가면들이 모두 무대로 가거나 빠르게 번져 나간다 이곳과 저곳으로 펄럭이며 가면들이 연기를 끌어 올리고 있다 연기는 만 질수 없는 표정으로 색으로 지워진 풍경들이 밤새 걸어간 방향에서 연기를 베고 있다 꿈속은 꿰뚫어도 흔적 하나 없다 물컹한 공이거나 손을 떠난 비질이거나 무대와 무대사이 지워진 문장들 얼굴들은 계속 발을 헛딛고 있다 도착하지 않은 모니터에 빈 몸짓 괄호안

"얼굴은 딥페이크중"

오래 머무를수 없는 기묘한 꿈같아 신맛이 났다 누구의 아침인가 지난 밤 잠속을 뒤적인다 오렌지일까 입술을 타고 오르는 질문을 삼킵니다 맨발이었네 맨 날이었네* 어디로 가는가 막다른 사각에서 질문은 하얗게 부푸는데 번지는 물감같아 보이지 않아 연기를 덧칠하는 넌 둥그런 식탁에 마주할 얼굴이 없다 가면을 클릭한다 모니터에 바탕화면은 고여있는 오페라의 유령** 눈먼 몸뚱이여 눈먼 물고기인가 우리는 질문이 되어 괄호속을 헤엄친다 빈 몸짓으로

---

* 맨발이었네 맨 날이었네 : 송준영 시인의 맨발중
** 오페라의 유령 : 더 팬텀이란 부제로 더욱 알려진 브로드웨이의 뮤지컬

박스 the 박스

빈 칸으로 뛰어든다 여백은 빈칸에서 선명하다 사각 이었다가 둥 근원 이었다가 풍경을 떠나는 빌딩들이 사각사각 펄럭이고 있다 아스팔트는 표면이 빼곡하다 어제 읽었던 계절들 덧칠 할 때마다 여백으로 스며들고 방향은 어디로 갔나요 눈이 멀어가고 있다 바닥을 따라 걷는 소리에 풍경하나가 깜빡인다 여긴 밤이야 사방으로 흩어져 이별이었다 모르는 페이지들이 자꾸만 박스로 굴러 떨어지고

바닥을 표절하며 파도가 뛰어다니고

밤새 건너간 강물이어서 허공이어서 소리가 길을 잃는다 누군가 있는 것 같아 여백은 잡히지 않는다 바닥은 어디에서나 연장되고 나는 모서리마다 부딪치며 고요해진다 아침이 다시 돌아와 눕는다 저기 하얗게 번지는 물감 같아 몇개의 안녕이 필요한가 모두 잘려나간 조각이어서 마주할 풍경이 없다 누구의 대화인가 너는 텅 빈 질문을 삼킨다 밤새 박쥐 한마리가 날아다니며 부푼 빵을 먹어치운다 우리는 밤보다 먼저 밤이 되고

누군가 카메라 셔터를 누른다 찰칵

물위를 걷는 물고기

수면은 허공이었다가 파도였다가 거품처럼 파도가 파도를 들고 일어서는 밤이에요 나는 해안을 몰고 다닌다 수면으로 뜨거워지는 발가락 잃어버린 문장들 물고기를 상상하는데 나는 수면으로 뛰어든다 수면을 만나 수면을 쓰러뜨린다 맨발을 꺼내 수면을 간지럽힌다 무어라 손짓하지만 들리지 않아 순간 물수제비가 날아오른다 물의 어깨를 딛고 나를 물의 가장자리로 내려놓는다 나는 수면을 들고 수면에 누워 수면을 처방한다

맨발이 거대한 자갈밭으로 달려나간다

해안이 해안속에서 충돌한다 눈을 뜬채 물고기들은 모래를 뒤적거린다 밤이면 나는 항상 새것 같은 수면을 꺼내 입는다 수면의 가장자리로 걸어간다 수면이 계속 걷고 모르는 사람들이 계속 지나친다 물고기들이 너무 많이 겹쳐서 헤엄치며 투명한 수면을 전염시킨다 수면을 다 써버린다 오후 한 때의 갈매기들이 수면을 쪼고 있다 수면은 두 동강 난다 수면 하나가 노랗게 빵을 부풀린다 나는 수면을 꺼내 허공에 수면을 묶는다

방치된 밤들이 수면 아래 저장되고

캐리비안의 해적

밤으로 종일 서 있었다 밤을 천천히 꺼낸다 밤들은
나를 둘러싸 벽처럼 서 있고 우리는 밤새 아무일도 없어서 밤이
날마다 찾아와 밤이 피고 지고 새벽은 언제 도착하나요 아침이
자꾸 돌아와 서 있고

뜨거운 가면을 벗어버리고 차갑게 식어버린 아스팔트 하이힐이 밤
으로 걸어간다 캄캄해진 것들이 박스처럼 쌓인다 우리는 박스를
하나씩 펼치고 기억나지 않는 얼굴들이 바스락거린다

밤은 무엇이든 삼켜버린다 새들은 깃털이 없고 얼굴이 없는 물고
기 우리는 아무렇게나 매달려 있다 밤은 움직이지 않고 나는 밤과
구분되지 않는다 어지럽게 날아다니며 무수한 나를 멈추고 우리
는 우두커니 바닥나 서 있다

오늘 부르는 노래는 오래전 가라앉은 해적들의 노래 난파선에서
검은깃발을 따라 월광소나타*가 울리고 우리는 가라앉는 목소리
로 노래 부른다 가라앉는 것들을 위하여 뱃머리는 악보를 따라
반딧불이 반짝거린다 우리는 밤을 계속 켜 두기로 한다

---

* 월광소나타 : 베토벤 피아노 소나타14번 전체
　　　　　　1, 2, 3악장으로 구성

고영섭

하루
점심- 탄소와 산소가 연소되는
살아라!
중복
한 점 마음

1989년 『시혁명』, 1995년 『시천지』로 작품활동 시작. 1998~1999년 월간 『문학과 창작』 추천 완료. 시집 『몸이라는 화두』, 『흐르는 물의 선정』, 『황금똥에 대한 삼매』, 『바람과 달빛 아래 흘러간 시』, 『사랑의 지도』. 계간 『시와세계』(2016) 문학평론 등단. 평론집 『한 젊은 문학자의 초상』
munsachulhak@daum.net

하루

수탉 한 마리가 뚜뚜 뚜뚜 뚜우우

수동정사 너머로 새벽을 알리오

저 너머 마을에선 또 다른 수탉이

뚜뚜 뚜뚜 뚜우우하고 아침을 여오.

점심
– 탄소와 산소가 연소되는

어제 마음 오늘 마음 내일 마음 중

그대 어느 마음에 점 찍으려는가

촛불을 밝혔다가 훅 불어 끄는

지금 바로 이 순간의 한 숨간.

살아라 !

삶이라는 화두를 들지를 말고

지금 이 순간을 살라는 말씀

세상은 느끼는 자의 것이니

머리와 가슴을 온몸 끝까지

밀고 또 밀고서 나가지 못하면

수 천금 권력도 쓸모 없으리

삶이란 앎의 비늘을 걷어내고

오늘 여기 바로 이곳에 사는 것.

중복

금선사 뜰 앞 바위에 우뚝 서 있는

치성광 일광 월광 불보살을 보고

자신의 어느 생이 궁금해서일까

제 머리를 쑥 내미는 장수하늘소.

한 점 마음

한 점도 안 되는 내 마음 속에는

한 숨도 안 되는 내 숨간 속에는

지구 태양계 은하계 너머 우주가

들어와 있네 이 광활한 점 하나.

권현수

성자와 철학자
어느 날
백척간두
지금을 찾아서 2
인연

2003년 『불교문예』 등단
시집 『칼라차크라』 『고비사막 은하수』 『시간을 너머 여기가 거기』
hyonsue7@hanmail.net

성자와 철학자

어느 때 나는 이렇게 들었다.

빛나는 수미산 아래 야단법석이 열렸으니 성자는 법상에 올라 한 송이 꽃을 은근히 들어 보이셨다. 귀한 법어를 기다리던 대중들은 영문을 몰라 성자와 꽃을 번갈아 보았으니 순식간에 온 세상이 잠잠해졌다.

아주 멀리서 어렵게 물어물어 찾아온 철학자가 기다리다 못해 먼저 입을 열었다.

"성자님, 그 꽃은 무슨 꽃인지요?" "……"
성자는 철학자가 묻는 말에도 그저 빙그레 웃을 뿐이었다.
"어디서 자라 언제 피는 꽃인지요?"
"향기가 은근한 것이 마음이 편안해 집니다."
"무슨 병이라도 고쳐주는 꽃인지요?"
성자의 말씀이 듣고 싶어 철학자는 좀 더 목소리를 높였다.
"누가 공양한 꽃인지요?" "공덕이 커서 큰 복을 받겠습니다."
철학자가 연달아 묻는 말에도 성자는 변함없이 미소만 짓고 있었다.

마침 대중 앞에 앉아있던 수행자 하나가 철학자의 이런저런 질문을 듣고 있다가 자신도 모르게 빙그레 웃었다. 그때서야 성자는 환하게 웃으며 다시한번 꽃을 들어 보이셨다. "이 꽃은 네가 받아야 겠구나." 영문을 모르고 지켜만 보고 있던 대중들은 이게 무슨 일인가 더욱 궁금해 질 수밖에 없었다.

성자로부터 한 말씀도 듣지 못하고 먼 길을 걸어 고향으로 돌아온 철학자는 오랜 시간동안 궁리에 궁리를 더해서 수백페이지의 책을 썼다고 한다. 그 책은 더 많이 궁금한 많은 사람들이 읽기 시작하였으니 유명한 책이 되어 내 손에까지 들어오게 되었다. 오늘 아침에도 나는 그 책을 읽기는 하였으나 성자가 들어 보이신 그 꽃의 의미를 알았다고 말할 수는 없다.

수행자가 전해 받은 그 꽃은 오랫동안 시들지도 않고 마르지고 않고 맑고 향기로운 향기를 머금은 채 지금까지도 전해진다는 이야기를 들었다.

어느 날

내가 버린 하루를
공차기 하는 너

지나가는 바람결에
마른 대이파리 흩날린다.

5월인데.

백척간두

한치 높이 자갈도
절벽이라고
아우성치며 떨어지는
저 물소리

개울물 소리.

지금을 찾아서 2

나의 '지금'은 여기에 있고
너의 '지금'은 거기, 안드로메다에 있어서
너와 나, 여기가 거기
250만년을 함께 하였구나

안드로메다를 보고 있는
지금 여기에서.

인연

가는 곳 없이 오고
오는 곳 없이 가고
이것도 아니고
저것도 아니고
아무 것도 아니었으나
모든 것인 그대여

미처 눈꽃도 피기 전에
눈발은 그치고
미처 그대를 만나기도 전에
해는 져서 서산으로 넘어가네.

김완하

거울 속의 거울
거울 속의 고요
겹겹
우화
수평선

1987년 『문학사상』 등단
시집 『길은 마을에 닿는다』 『허공이 키우는 나무』 『집 우물』 『마정리 집』 외
저서 『한국 현대 시정신』 『신동엽의 시와 삶』 『김완하의 시 속의 시 읽기』 1~9권 외
kimwanha@hanmail.net

거울 속의 거울

걸음마 시작한 손자 안고 거울을 본다

손자도 거울 속을 들여다본다

잠시 얼굴 돌려 골똘히 나를 올려다본다

거울과 현실 그 사이에, 내가 있다

거울을 넘어온 손자의 눈동자에 내가 가득 찬다

거울 속 얼굴 돌려 나를 올려다보는 손자를 나도 본다

내가 한결 더 맑아졌다

그 눈길로 이 세상을 바라본다

거울 속의 고요

가을 숲으로 난 길에는 거울이 하나 서 있었다 걸어오던 길에서 나는 잠시 숨을 고르며 그 거울 속의 고요를 눈여겨보았다

뚜벅뚜벅 걸어갔을 아버지의 발자국은 스미고 이어 내 발자국이 살아나기 시작한다 아들의 손을 잡고 갈참나무 한 그루 쓸쓸히 잎을 비우고 있었다

싸리나무 한 그루도 가파른 제 어깨를 스스로 보듬어 안고 있었다 순간 숲의 풍경을 찢으며 흰 구름 한 자락 거울 속 고요를 맑게 지우고 간다

말채나무 채찍이 숲의 등짝을 후려 팬다 가없는 시간의 자맥질 속으로 어둠이 와 숲의 고요와 깊이를 재우고 있다

겹겹

돌이 돌을 물고
능선이 능선 위로 눕고

물소리가 물소리
속으로
뛰어들고

봉우리 위로
구르던 구름이
봉의 끝을 베어문다

돌은
제 품을 열어
돌 속에 산그늘을 당긴다

우화

우리에게 창이 없다면 얼마나 허전할까

자리에 앉자마자 창밖을 내다본다

창이 없는 곳에서 하루를 보내는 이들이 있다

그들의 마음은 밖이 없으니 안도 없다

안이 없으니 아래도 없다

아래가 없으니 위도 없다

위가 없으니 믿음도 없다

믿음이 없으니 마음도 없다

창이 없으니 마음도 없다

수평선

언젠가 그와 나 사이에
선을 하나 그었다

그곳에 서로의 마음을
걸어두었다

얼마 후 돌아보니
선은 더 굵어져 있었다

그와 나의 닿지 않는 거리에서
쉬지 않고 뒤채는 상념

가까이 다가오던 빛은
먼 곳을 향하고 있었다

항상 그만큼의 거리에서
그와 나는 창이 되어 있었다

양승림

크로키
철학은 돼지다
아웃사이더
피카소
수상가옥

2010년 『시와세계』 등단
nie7@naver.com

크로키

어제 나는 칼 융을, 식칼로 읽었다

하지만 제삼자가 관여해선 안 된다

나는 질량 없이 태어났고
몇 가닥 실선에 불과하다

내가 읽은 칼 융도 뭔가를 잘못 읽었는지,

TV 뒷면처럼 납작하다

철학은 돼지다

한 음식점 앞에 번호표를 든 사람들이 줄을 서서 기다리고 있다

저렇게 나도 죽은 짐승의 내장 한 그릇에 열광해 봤으면

자주 있는 일은 아니지만 보쌈을 시켰는데
족발이 나오는 경우도 가끔 있었다

그러나 대부분의 사람들은
숟가락 하나 겨우 들어갈 정도로만 입을 실룩거리며
침묵했다

그 이유는 나도 모른다

화가 나기엔 이 집 간판은 너무 늙었고 어쩌면 우리는
돼지만큼 알지 못한다

그저 누군가 나 대신 보쌈을 먹어주면 되는 것이다

더구나 이 집 족발은 펜촉을 닮았고 역겨운 계피향이 난다.
잡내를 잡으려다 결국 또 다른 잡내를 끌어들인 셈이다

족발과 우리들 사이에 끼어든 새우젓처럼 우리들의
맨 끝줄이 가마솥 안에서 물렁물렁 익어가고 있을 뿐이다

아웃사이더

앉은자리에서 담배 한 갑을 다 피고 일어서는

연기 한 모금
불빛 한 점
허투로 빠져나갈세라 앙상한 빗장뼈 속에 더 앙상한 목을 우그려 넣고, 일어설 때, 창가에서 엉망으로 구겨진 한 여자의 치맛단을 남몰래 훔쳐본다는 것은

몸을 주고받는 것보다 더 뼈저린 것인지도 모른다

녹색 가루 달빛, 밤, 커튼은 옆으로 주름을 접는다

피카소

과연 어디로 가야 하는가, 일그러진 얼굴들, 수몰지의 물고기처럼, 나는 지렁이에 대해 민감하다, 필레를 떠서 튀겨낸 월 아이!

쌀쌀한 오월, 미소는 늘 진동이 심하다, 라지 사이즈의 커피, 점점 대범해지는 커피숍, 역시 어색하다, 그 끝을 조금씩 드러내는 절벽, 매트리스 같은 평화, 모두, 바보 같은 가설이다, 교정을 보지 않은 책처럼, 나는, 투덜거린다,

라면과 김치냄새가 뒤섞인 곳, 교회의 지하실, 사랑은 매연이 심하고 햇볕은 늘 무례하다, 거리마다 넘쳐나는 배쓰와 머스키, 깨끗하고 하얗고 풍성한 구름의 반대편에서 보도블록이 마른다

웅성거리는 문명, 몇 명의 전화번호는 단일하다, 미끼처럼, 책을 옆에 놓고, 어떤 다정스러움이, 또, 망설인다

강을 문, 피라미, 마침내, 입이, 찢어진다

수상가옥

거기에서는, 다 뜬다. 배도 뜨고 집도 뜨고 찌푸리기도 뜨고 고양이와 강아지도 뜨고 할머니와 할아버지도 뜨고 땔나무도 뜨고 물에다 씻어버린 생선비린내도 뜨고 은과 주석이 2대 8로 섞인 술잔도 뜨고 별과 달도 뜨고 메콩강 상류에서 떠내려온 쇼팅 깡통과 22인치 중국산 흑백 TV도 뜨고 오줌도 뜨고 구멍난 철조망도 뜨고 막내 삼촌 비명을 잡아먹은 발목지뢰도 뜨고 어망에 꽂힌 리알도 뜨고 토종닭과 집오리도 뜨고 앙코르 왓트 일몰도 뜨고 시엠립 국제공항도 뜨고 선박용 엔진 오일도 뜨고 크메르 루즈 군도 뜨고 심지어 떠 있던 물까지 한 번 더 뜨고

마음에 부력만 있으면, 무조건 다 뜬다. 죽은 사람들과 거기를 슬프게 바라보고 있는 나만 가라앉는다

거기에서는 콘돔도 쓰지 않는다. 모든 걸 물로 씻어버린다

김영찬

뻐찌모텔 벽난로 위 빨간 풍차 —그리고 아무 말도 하지 않을 사람들만을 위해
도망친 여인을 위한 입술 1잔
봄의 바이로차나 Vairocana
구름의 광팬 狂fan
찔레꽃 패스워드

2002년 계간 『문학마당』 문단활동 재개.
시집 『불멸을 힐끗 쳐다보다』, 『투투섬에 안 간 이유』, 『오늘밤은 리스본』 등.
tammy3m@hanmail.net

뻐찌모텔 벽난로 위 빨간 풍차
—그리고 아무 말도 하지 않을 사람들만을 위해

뻐찌를 먹을래요, 오디를? 올망졸망 진대 맞대
뻐찌의 축제일에
빨간 풍차

뽕잎 따러 5월로 향할까요?

치마폭에 차랑차랑 오디는 익어 도린곁의 오솔길

검붉은 뻐찌가 윙크하면,
시바의 여왕女王은 성장 차림으로 창밖을 지나간다

오디를 먹을래요, 뻐찌를?

휘둥그런 태양의 저쪽은 사냥꾼이 사라진 길
뻐찌모텔로 가는 샛길을 따라 베를리오즈가 흐르고
언제쯤 우리는,
우리는 언제 오돌토돌 친구였다가
뜻밖의 애인으로 풀리나요

뻐찌도 오디도 무인도처럼 시무룩하게 외롭고

먼발치에는 어린 사슴이 포수에게 쫓기다가 살아난 듯

서쪽으로 날아간 오목눈이 새는
멀고 먼 슈바빙의 방갈로에 홰를 치러
뮌헨행 열차표를 끊나요

―그리고 아무 말도 하지 않은 사람들만 창밖에 서 있다

뻐찌를 먹을래요, 오디를?

끝없이 부풀어 오르는 솜사탕 같은 꿈은 벅차고
뚜껑 날아간 지붕 위 옥상에는
풍향계만 돌아가고

언제쯤 우리는 오늘의 운세 타로 점괘에 따라
오디 왕국의 뻐찌모텔
장작불 타오르는 벽난로에 풍차가 돌아가는 사진을 내걸죠?

도망친 여인을 위한 입술 1잔

시칠리아의 어떤 와이너리 와인 병 속에는 도망 나온
한 여인이 머리칼 풀고 쪼그려 앉아있다
그녀의 이름은 안칠랴,
가출한 여인

포도주병 안에 웅크려 어떻게 머리칼 하나 젖지 않고 또렷이
두 눈 내려깔고 저렇게 초연해질 수 있나

그것을 알려면 포도주에 왕창 취해 비몽사몽 해롱대다가
포도주를 한입 가득 채운 입술 내밀어
어서 나오라고 그녀에게
입술 1잔 권하면 된다

춤추는 댄서의 순정이 본래 그렇다고?
오직 와인에만 올인 그러나 정작 와인을 잊고 빈 병에 갇힌
돈나 후가타, 안칠랴 Donna Fugata, Anthila
와인에 빚진 여인

봄의 바이로차나Vairocana

멧새가 알을 낳아서 가는 곳마다 봄입니다

채색구름이 온 동네 창문을 두드리고 다니니까 온천지가
봄입니다

봄비 소록소록 마음 적시며 대지에 입맞춤하니까
나 또한 온몸이 봄입니다

아지랑이 자글자글 꽃봉오리들 왁자지껄 봄맞이하느라
탄성을 질러대도
모르는 척 딴청만 부리시는 이여

흥분한 봄이 자제력을 잃고 다혈질 여름으로 건너뛰든 말든
세상 거덜 날 혼인색婚姻色의 혼란이 눈부시든 말든
메이콴시(沒關係),
관카이나시(關係無),
아무 상관 없이

괜찮아
봄이니까
그래요 봄날이 왔으니까

봄은 곧 법신불法身佛이라니까

풀솜처럼 아련히 봄 안개 품에 안겨 스르르 햇살 풀리는
3월의 게으른 태양처럼 은근슬쩍
미소로만 답하는 이여

나를 불러낸 당신이야말로 봄의 근원根源이자 헛되지 않음,
불공不空에
옴 아모가 바이로차나Vairocana*입니다

---

* 바이로차나Vairocana : '빛을 퍼트리는 자' (법신불), 비로자나불(毘盧遮那佛).

구름의 광팬 狂fan

흰 구름 한 스푼만 주세요 너무 달달하지 않고
조미調味하지 않아 담백한
구름 셔벗 한 스푼
주세요

한 스푼은 팔지 않는다고요
왜 딱 한 스푼만 주문하는 거냐고요
나는 구름의 광팬
크레이지 팬덤crazy fandom이지요

층적운이 차려놓는 구름 디저트를 골고루 시식하며
낮에 고달팠을 적란운이
석양에 눕기 전에
멋진 요리 솜씨를 제때 착하게
감식해줘야죠

그래야지만
정처 없는 구름의 하루가 무난히 저물어 제대로
마감될 테니깐

찔레꽃 패스워드

찔레꽃 들장미 향은 이유도 없이 왜 왜 왜
어찌하여 슬픈가 슬프니까 그냥 슬프다

그 향기는 생각할수록 더 멀리 날아가서
너에게까지만

그토록 깊고도 외로운 비밀

찔레꽃 패스워드와 비밀번호를 몰라서 아무도
열어볼 수가 없어서 단호한
그 침묵은
낮
12시

꽃 속에 점지해 놓은 그 환한 고독 때문에 눈물 찔끔
그래도 큰 상관 없다
낮달 지나가 비로소 깊이 잠든
밤
12시

정오의 햇살에서 한밤중 자정에 이르기까지

찔레꽃 그 그늘에 눌러앉아
열아흐레 꽃 핀
얼굴

꽃 진 자리에 머뭇머뭇 네가 서 있다
말이 없는 낮달처럼 하얗게
너는 서 있다

김예강

조금 쓸쓸해지려 해요
하양
식물가게
기계 같은 사람이
무릎잠

2005년 『시와사상』 등단
시집 『고양이의 잠』 『오늘의 마음』 『가설정원』
e9911604@hanmail.net

조금 쓸쓸해지려 해요

조금씩 느려지는 시계를 고치지 않기로 했어요
정오와 자정을 바꾸기로 했어요 일상이 느려져서 조식을 먹을 시간에 당신이 조식 식탁에 앉아 있다는 상상을 하지 않으려 해요

국립대학 오래된 건물 뜰에서 오래 걸어 온 은목서를 만나도
사진을 찍어 보내지 않으려고 해요 시계가 제대로 돌아갈까 봐 그래요

쓸쓸함이 다행이 될 때까지 쓸쓸해지려 해요

사실
동영상을 찍어 향기도 심어보려고 했었지요 폰 안에 심어진 은목서가 헤엄치기 시작했어요
나뭇가지 끝에서 물결이 일어 새장 속 새처럼 지저귀었어요

몸 안에 들어가 빼낼 수 없는 새가 날아다닐까 봐
영수증처럼 구겨서 버렸어요 삭제해서 휴지통에 버렸어요

반짝이는 것을 가져와 반짝이지 않을 때까지 쓸쓸해질 거예요

당신이 쓸쓸해질 때까지 쓸쓸해지려 해요

은목서 나무는 뿌리째 뽑아 버렸어요
마침내 쓸쓸함이 다행이 될 때까지 쓸쓸해지려 해요

하양

하양이라는 말에는
눈 뜰 수 없을 만치 환한
물에 부서지는 빛이 있어요
하양으로
건축을 보러 갔어요
작은 교회였어요
무거운 문이 두터운 어둠을 밀어내는
닫히면 어둠에 서 있는
예배당에 서서
위에서 내려오는 빛
빛을 올려다보았지요
빛이 나에게 내려앉아
따스했는지요
좁고 가파른 계단 오르면
구원으로 가는 길
기도하는 의자에 앉아요
절반만 보여지는
절반의 십자가는 하늘이 안고 있는
작은 교회
빛이 내려앉은 물 위로
나는 조각배 저어서

볕을 쬐는
어제 빛은 저물고
오늘의 빛이 다시 부서지는
하양

식물가게

빛이 없는
지구는 빛을 심어야 한다 빛은
씨가 있어서 뿌리가 내리게 심는다고 한다.

빛이 사라지지 않게
씨를 보관하는 사람
빛을 심는 사람
빛을 자라게 가꾸는 사람들
지구는
심는 빛으로 가득 차서
아름다운 식물의 그림자를 지닌다

식물이 빛이라서
뿌리가 나고 잎이 돋고 열매까지 열려서
빛의 정원은
정원사의 빛은
천사라 불렀다

엄마, 저 높은데 올라가고 싶어요
올라가
올라가도 돼요?
전에도 올라갔잖아 6살 때.

〉
맞네 나는 7살이네

빛을 입은
아이가 서 있고
문득 지구가 아름다워지려고
지구의 빛을
심고 있는 사람들이 움직인다

빛이 없는 지구에는
죽기까지 향기가 나는 꽃이 피고
허공에 흩어진 빛들은 공중에 매달린 식물들이 먹고
빛이 되고
아름다운 지구가 있다.
스스로 빛을 내지 않아서

나는 나를 창 쪽에 돌려 둔다
빛을 입으려고
식물적인 여름이 왔다
봄밤에 꽃을 심으러 다니는 사람들은 그림자가 되었다
그림자를 보려고

기계 같은 사람이

소파에서 TV를 보고 있을까
식탁에서 식구와 밥 먹고 있을까
어떤 사람일까
록밴드일까 도시계획가일까 건축가, 요리사, 시인일까
혼자일까

나는 창가에서 팔을 창에 대고 턱을 괴어
밤의 긴 팔에 안겨있는 길 건너 불 켜진 아파트 단지를 바라봅니다
빨간 자동차 불이 흐르고 밤의 자장가를 들어요

나무를 준비하고 강을 준비하러
잠이 드는 사람들

기계 같은 사람이 밤의 도시에는 별이 되는 생각이 들어요
플러그에 꽂힌 거대한 기계가 가동되고
도시는 꽃을 피우기 시작합니다

밤의 아파트는 어둠 속에서 반짝이는 돌
밤의 커다란 천연동굴 같아요
삶의 무늬가 동굴산호 동굴진주 같은 사람들

〉
잘 자라 나무야 잘 자거라 물고기야 낡은 의자에 앉아
졸다 말다 밤이 되려는 한 사람

물방울 같아 보이기도 해요

무릎잠

꽃을 보러 갑니다
꽃나무는 몸이 무거워 기웁니다
건축을 보러 갑니다
건축은 늘어나서
여기저기 틈 사이 나를 끼워 넣고 건축이 되다가 돌아옵니다
무덤을 보러 갑니다
죽은 자들의 시간은 같은 시간이고 시곗바늘이 멈춰 서 있습니다
소나무 숲에서, 햇볕에서,
천년이 지난 뒤의 무덤에서
손바닥을 들여다보다가 잠듭니다
나무들이 같은 방향으로 자라다가
나무들이 제각각 다른 방향으로
나무의 뼈들이
구불거립니다.
봉분이 봉긋합니다. 당신의 머리카락인 줄
풀잎을 만지작만지작 합니다
화관에 누운 것처럼, 나무가 나를 내려다보고
마음속에 있는 좋은 것을
생각해 봐!
다정한 왕릉은
무릎을 내주며

죽은 나의 볼을 만지작합니다 머무르는 빛이,
미완의 편지를 쓰고 또 쓰고,
무릎이라는 우주,
한사람이 시작됩니다

윤관영

어이, 니야까
옛애인
소주잔 속 소주처럼
소사, 복사꽃 의숙義塾
금가락지

1996년 『문학과사회』 등단
시집 『어쩌다, 내가 예쁜』, 『오후 세 시의 주방 편지』 시와세계작품상 수상
hasunahm@hanmail.net

어이, 니야까

600원짜리 졸업앨범은 신청도 못했다 졸업반 수학여행은 꿈도 못 꿨다 중학교 입학하는 건 언감생심

우리가 불우이웃야! 저녁상 자리에서 이웃돕기 성금을 달랬다가 엄마한테 들은 핀잔이었다

사춘기 나부랭이는 안드로메다은하로 보냈다 열여섯에 공구상가 대흥상회 꼬마야!가 되었고 부모의 후견동의서를 받아도 나이가 덜 찼던 탓에 소사 국제전광사에 애면 동네형 이름을 꾸어 취직을 했다 종당에 나는 어이, 니야까!가 되었다

부평 깡시장은 내 나와바리였다 리어카꾼이 되어 부리나케 채소를 날랐다
어이, 니야까!

거울 볼 틈조차 없던 사춘기는 챙피 따윌 느낄 겨를조차 남아있지 않았다 깡시장에서 깡시장으로 옮기면 150원 부평시장 가게까지 옮기면 300원, 새벽에 일어나 네 시간만 부산을 떨면 공장 일당을 훌쩍 넘기는 쇳푼이 주머니에서 짤랑거렸다 리어카 손잡이를 주린 뱃구레로 밀어댄, 엉덩이가 우거지빛에 물든 내 청춘의 젖은 팬티

어이, 니야까!

    니야까에 싣고 넘은 사춘기, 짐바리가 끝나면 전철에 기대 종로2가 학원 골목으로 향했다 앞니로 침을 틱틱 쏘며 눈시울을 부비면서 교복들 틈에 끼었다 제일학원, 경복학원, YMCA 학원을 단과로 수강했다 2달 완성 공통수학과 수1은 건너기 부친 진흙구렁 같았다 과락科落이 있는 검정고시는 내게 고등고시 같았다 흰 카라를 댄 엘리트 교복 호크를 콕 채워보고 싶었던 머리만 길었던 장발의 어이, 니야까!

    야채가 녹아내려 늘 질척질척했던 내 나와버리 부평 깡시장! 니야까요, 니야까! 야채더미와 인파 사이를 곡예하듯 리어카를 몰았다 여드름을 대신한 땀방울의 사춘기가 깡시장을 적시며 리어카 바퀴살을 굴렸다

    너무나 느지막이 불러낸 부평 깡시장의 어이, 니야까!
    어이, 니야까!를 굽어본다 나는 어린 니야까에게 보리냉차 한잔과 마른수건을 건넨다 주린 배로 니야까를 끌고 국수 니야까를 모르쇠 지나치던 어이 니야까, 잔치국수 한 대접 내어놓는다

옛애인

갑갑궁금했던 길 부러 묻지 않고 *뭐 사는 게 다 그렇지*로 스쳤다 살의 일일랑 어차어피 소쿠라지는 피의 일이다 걱정되던 걸 일삼아 묻지 않고 *그냥저냥 잘 지내*로 건넜다 *그래도 한 군데서 십여 년 넘게 장사하니 이렇게 보게 되네* 말을 감아 돌리는 옛애인 행주질하던 내가 떨어진 알쌀 쪼가릴 입에 무는 걸 봤는지 처녓적 웃음을 베어 문다 미주알고주알 파헤치는 건 무렴하여 *하는 일은 어때?*로 눙친다 궁금한 것일수록 늑골 맨 밑바닥에 담아두어야 한다 남천나무 잔가지를 지나는 바람결에 볼 붉히듯 그냥 애틋함만으로 볼 붉힐 사이 살아내는 것만으로 이냥 고마운 사이 얼굴을 빤히는 못 보고 *집에 별일 없는 거지?* 이 정도로 퉁친다 매럽시 눈물이 나서, 그냥 좀 오버해도 될 것 같아 부대찌개를 포장해 한사코 손에 쥐어줬다

들고 가기엔 모냥 빠지는 까만 비닐봉지를 쥔 옛애인

가솔린자동차 미등 행렬 속 하모니마트 쪽으로 도는 검은 봉지, 육수 푼 국자 손잡이 같은

소주잔 속 소주처럼

깡총 묶은 진갈매 쑥갓을 보자 옛애인이 생각났다 맞춤으로 베어 물 성싶은 마늘종을 봐도 심란했다 야채장 보는 게 그렇다 옛애인은 '으이구'를 달고 살았다 내 못 말리는 고집을 마주한 살뜰한 대거리였다 젊은 난 하고 싶은 게 넘쳤다 '어련하시겠어'를 대신한 말이 사리살짝 하얗게 웃는, 볼우물 패는 '으이구'였다

야생은 가축이 되면서 유전자가 변형된다는데, 길들면서 야성이 사라진다는데 내가 그렇다 식당을 오래하면서 오토바이로 장보러 다니면서 급한 게 없어졌다 바람이라는 게 없어졌다 그냥 밥 먹고 살면 되지, 염치불구 잔잔해졌다

눈은 침침해지는데 대꾸 옛날이 선명해진다 헤어지기 전, 그때가 눈에 삼삼하다 헤어진 그 곡절로 연거푸 숨어든다 이즈막 자동뽕이다 나의 연애는 잦추 옛날로 서성인다 젊어서 '으이구'가 더 안타깝다 이제사 하고 싶은 것도 없고 욱대길 일도 없게 된, 그것은 내가 가축이 다 되어 혓바닥이 눈썹에 닿게 길어진 후의 일이다

애인은 옛애인이다 매운탕에 얹은 쑥갓 같고 간장절임 새침한 마늘종 같고, 눈이 머루포도 같은 옛날옛적 애인이다 장볼 적마다 몽개몽개 살아나는

소사, 복사꽃 의숙義塾

새끼가 주리는 걸 안 암사자 같던 어무이, 부평에서 소사까지 다라를 인 채 철길을 따라 걸어다녔다 복숭아 낙과落果를 받아 당원을 풀어, 사발에 담아 10원에 팔았다 둘째는 정규 중학교는커녕 소사 공업기술학교도 계우 갔다 부천의 옛 이름 소사 부모의 취업동의서를 내고도 나이가 어렸던 나는 동네 형, 김용운의 이름을 꿔서 취직했다 소사 시내 국제전광사였다 법랑냄비와 석유곤로를 만들었다

나는 여적지 소사란 말이 간지럽도록 살갑다

어무이는 노점 옷장사로 풀렸고 둘째는 용접공으로 청천동 동양철관에 입사했다 나는 한때 소사본동 서울신학대에 다닌 적이 있다 선한 목자가 되려다 혁명을 꿈꾸었고 숫제 슬퍼서 찬란한, …… 시인이 될 게다

소사 복사꽃 피는 시절, 가려운데 손이 닿지 않는 것 같은 꼭 그만큼 그리운 내 첫사랑

어무이는 내내 구루마 옷장사로 집안을 이끌었고 둘째는 그곳에서 만 41년을 버텼다 어무이는 무소의 뿔처럼 돌진해 집 한 채를 마련했으며 자식들을 성가시켰다 나는 코로나 탓에 둘째 정년식에 코빼기도 못 비쳤다 입때껏 늑골 맨 깊은 데 한 켠이 무겁고 아리다 파

평 윤가 정정공파 34대손 '헌憲' 자 '영永' 자인 둘째, 되레 장남 같았다 난 떠돌았으나 소사를 잊지 않았고, 어무이가 내게 했듯 당금은 아들에게 암사자 노릇을 하고 싶었다 허드레라도 아들에게 복사꽃 빛 그늘만은 이어주고 싶었다

  소사, 복사꽃 의숙義塾*

---

* 의숙 : 공익을 위하여 의연금을 모아 세운 교육기관

금가락지

그게 그 순간, 이동했다

어무이의 금가락지, 흰 실이 돌돌 감겨있었다 무명지였다

어무이요, 반지에 실이 붙었꾸마?
대꾸 헐거워징께 빠질라서 구래

그 물음의 순간, 그 반지가 내게로 왔다 그게 그러니까 빠져나가려고 해도 유달리 하나는 지니고 싶은 게 있고, 그게 또 그러니까 빼서는 실을 두르고 헐거워지면 또 두르고 두르셨던 것이다 그게 그러니까 가락지가 할거워지도록 실에 흙물이 들게 호미질을 하고 실에 갖은 장醬물이 들도록 젓갓일을 하고 허리를 구부려 실이 닳도록 일하면서, 그게 그러니까 매양 실을 감으면서 또 실이 닳도록 일했다는, 그게 그 지경이 되어서는 모조리 알조였다 눈시울이 따끔한 순간, 뫼시고 가 12호 반쯤 줄여드려야 하나 하는 맘을 품는 찰나 그 반지가 순간이동한

그게 그러니까 나는 닳고 닳아 가늘어지고 빛조차 옅어진, 우그러진 금가락지를 할겨 본다 그 반지에는 큰아의 마음을 돌돌 감아 꽉 껑궜으니 늘상토록 어무이의 것이요 난 무심한 체 고봉밥 한 그릇을 다 비우고 소주도 한 병을 다 비운다 더 달라고까지는 못해도 밥 좀

자금 퍼요, 하는 소리는 꿈속에서도 하면 안 된다

내 심중의 무명지에 꽉 낑궈진 금가락지

삶은 닭발 같은 손꾸락이 밥주발을 받쳐든다

이영숙

미지근한 물
무화과나무는 비밀이 많았다
홍방울새
새엄마
묵념— 21세기적 참호에서

1991년 『문학예술』 시 등단, 2017년 『시와세계』 평론 등단.
시집 『詩와 호박씨』 『히스테리 미스터리』, 평론집 『야만의 시대기』.
sphinx2@naver.com

미지근한 물

햇살과 바람을 체에 치고 그늘을 용량대로 섞어 치댄 낮을 발효시킵니다 조금 부풀어 오른 낮을 밀대로 밀어 진정시킨 후 도톰하고 네모나게 썬 소음을 중앙에 얹고 양 끝을 접어 중간에서 세심하게 봉합해 줍니다 다시 밀대로 밀어 평평해진 낮을 바닥에 두 손 포개듯 가로로 세 겹 접고 세로로도 세 겹 접고 잠시 쉬어가며 이 과정을 수차례 반복합니다 소음의 겹이 켜켜로 증식합니다 낮의 강력과 박력이 또 한 번의 발효를 거쳐 구워져 질감과 맛이 부드러운 수십 겹 수백 겹의 밤이 되는 건 페이스트리 빵을 만드는 과정과 흡사합니다 하룻밤은 대략 이틀의 발효를 거쳐 완성됩니다

겉은 파삭해도 속은 촉촉한 밤을 결대로 찢어먹거나 부랑자와 멧비둘기, 나팔꽃들은 밤의 휘장을 한 장씩 받아 두른 채 저마다 깊은 잠에 빠져듭니다 상처를 핥거나 밤을 지키느라 나뭇잎 밟는 소릴 내는 족속도 있습니다 밤은 수요를 다 채우고도 남아돌지만 상하는 일은 없습니다 뜨거운 물 반 차가운 물 반 이런 조합에서 쇳내가 납니다 비등점을 지나온 물에 무수한 겹이 생깁니다 뭉근한 속도로 끓어오른 뜨거운 차를 홀홀 불며 마시는 동안 시시각각 물은 밤과 몸을 적시며 머그컵에서 뭉근하니 식어갑니다

몸은 캄브리아시대부터 현생누대에 이르는 지층을 모두 간직하고 있어서 어느 날 불쑥 석탄기나 백악기 부위가 융기하기도 합니다 고사리 화석이라도 출토되는 날이면 몸은 여러 날 앓아요 병이 오는

방식입니다 어스름에 이끌려 몸은 집 밖으로 나가기도 합니다 각기 다른 온도의 생경한 지점들을 통과하며 흘러드는 물을 겹겹이 쌓아 올려 화석연료처럼 검은 석촌호수에서 오늘도 초승달배가 오락가락하네요 배에 탄 이들과 걷는 이들 중 누가 더 영양가 높은 밤을 먹는지는 알 수 없습니다 배를 타거나 걷거나 한 몸으로 두 가지를 동시에 이행할 수 없어서 우리는 호수의 안팎에서 불빛 어린 미지근한 물을 내려다봅니다

무화과나무는 비밀이 많았다

무화과 스콘과 커피를 주문하고
구석 자리로 돌아와 무심히 노트북을 여는데
에어컨 바람에도 실내음악에도 무화과가 얼핏 설핏 섞인다
예기치 않은 실마리를 갈피에 내장한 카페
검색어가 무화과나무로 시작된다

무화과나무 키우기
무화과나무
무화과나무 묘목
무화과나무 저주
무화과나무잎이 마르고
무화과나무 아래 있을 때

졸음을 삼키고
눈물을 삼키고
울분을 삼키고
생선 가시가 목에 걸려
맨밥 두세 덩이씩 삼키곤 하던 절벽에서 돌이켜보면
내 생은 기나긴 소화기관이다
굽이굽이 정교한 장치를 거쳐
차마 남에게 줄 수 없는 걸 정기적으로 배출하는

〉
나는 모른다
꽃을 삼켜버려 아무에게도 보여주지 않는
무화과나무의 전략
무화과 좀벌만 겨우 드나드는 좁은 입구로 암컷은 내보내고
배출구도 없는 꽃 속에서 형체도 없이 수컷은 녹여버리면서 수정이 되거나 안되거나 열매는 맺고 보는 전략
꽃받침이 꽃을 감싼 구조로 건조된 열매가 스콘에 드문드문 박혀
자, 먹어보렴, 사실 나는 무화과가 아니란다, 아무렴, 생이 통째로 꽃이야
어쩌고저쩌고 말을 탁 놓는 그 전략

홍방울새*

커피나무농장에는
수평의 가지에 홍방울새가 다닥다닥 열리고

분양받아 온 커피나무는
한여름을 건너오고 나서도
겨우 한 뼘 반

변성기에 이르려면 아직 멀었죠

잎사귀에 듬성듬성 번지는 갈색 반점은
하나의 징후 홍방울새가
검은 물관을 잘 오르내리고 있다는 징조

이 어린나무가 동물성이라니
아이들이 놀다가 내지르는 고음이라니

없는 것이 있는 것보다 더 어둡고 무거워요

홍방울새 다닥다닥 열릴 때를 기다리며
난 커피나무를 듣고 또 듣고

---

* 비발디, 〈플루트 협주곡 3악장 D장조〉

새엄마

뭐가 서운한지
엄마, 순 새엄마 같아
딸애가 투정을 한다
말속에 소금 몇 톨 들어 있다

아버지의 후처, 의붓어머니, 후모로 풀어쓰는 장화홍련의 계모에서
아버지가 새로 맞이한 아내를 친근하게 일컫는 말로 진화해 온

새엄마는 고무공이 되어 튀어 오른다 아버지를 따라 방안으로 들어선다 엄마에게 큰절을 드린다 이 아줌말 작은엄마라고 불러라 정신을 수습한 엄마를 대범하게 만든다 어린 나를 가슴 벅차게 만든다 이제 우리 작은엄마랑 같이 사는 거야? 미래를 두근거리게 한다 낯선 부엌에 들어가 술상을 차리고 엄마에게 술을 올리게 한다 새 이불을 꺼내게 한다 손도 까딱 않고 엄마는 작은엄마를 부린다 아버지를 가운데 두고 엄마는 작은엄마를 한 곁에 눕힌다 터럭 하나 건드리지 않았는데 작은엄마 공에서 밤새 공기가 샌다 씻지도 않고 새벽에 도망치듯 집을 나서게 한다 머리끄덩이라도 한 번 잡혔으면 사랑 때문이라고 맞붙어보려던 결기에 소름 돋게 한다

엄마를 밀어내고 새엄마가 될 수도 있었던 작은엄마는 어디서 엄마가 됐을까 새엄마가 됐을까 다시 누군가의 작은엄마가 됐을까 연

두색 한복이 고왔던 그 술집색시

　새 신을 신고 뛰어보자 팔짝
　새해 새아침 새옷 새친구 새마음
　그리고 새로돋은송곳니를 지나

　혼인 대비 이혼율과 재혼율이
　해마다 증가하고 있습니다

　장차 엄마와 결부된 누더길 벗어버리고
　엄마와 아내 사이에서 새 단어로 진화할
　추세가 그런
　짭짤한 새엄마

묵념
— 21세기적 참호에서

얼추 나이 오십이 돼가는 아파트 밤에도 낮에도 천장 위로 우두둑 쥐들이 달린다

여러 겹 덧붙인 벽지의 무게로 들뜬 벽과 벽지 사이에 쥐 일가가 살림 차린 건 부모님의 청계천 시절이지만 벽지 속을 내달리던 발소리를 기억하지 못해도 쥐는 대를 물려가며 내 곁에서 떠나지 않는다 철원이모 댁 천장에서 떨어진 쥐 한 마리를 이종들과 함께 마대에 몰아넣어 대문 밖에 풀어준 일도 있었다

세 마린지 열두 마린지 독립군인지 토벌댄지 그들이 한 차례 지나간 후엔 세상에 없던 적막이 아주 잠깐 온다 화장실 천장 쪽문을 열고 손전등을 비춰 보면 자갈밭처럼 자욱한 쥐똥의 세계

이해해다오

꼬리 잘린 채 똥간이나 수챗구멍에 던져지던 쥐의 사체와 잘라낸 꼬리를 봉지에 담아 가 학교에서 검수받던 아이들

이해하지 말아다오

아이들은 자라 다시 쥐약을 놓는 어른이 되고

사과가 갉아 먹힌 곳간 길목 갇힌 사과 앞에 다음날이면 주도면밀
하게 쥐 끈끈이를 놓는다

오, 용서하지 말아다오

약한 자들은 지구 곳곳에서 쥐처럼 소탕된다
번영과 평화의 이름으로 가차 없이 청소된다

애야, 이리 와보렴
쥐똥나무 밑에서 뾰족한 입을 내미는 생쥐를 불러봐도
눈 마주쳐주지 않고
한번 만져보고 싶은 분홍색 발바닥
긴 꼬리만 잔상으로 남기고 사라지는

김혜천

색色의 무희
백일의 통한
돌꽃
아리아드네의 실
모란의 망명지

2015년 월간 『시문학』 등단
시집 『첫 문장을 비문으로 적는다』
hyechon5588@naver.com

색色의 무희

막막해서 좋은 흰 캔버스에
카민 색 한 줄 그으면
석양 물빛이 내 안으로 흘러든다

그리는 대로 그려지고
쓰는 대로 쓰여질
무한이라는 가능성

구조와 혼란
긴장과 방만을 위태롭게 구분하였을 뿐
색은 너울성 물결을 보듯 눈으로 보는 음악
무엇이든 상상할 수 있는 너머의 세계

색과 색의 배후가 마음을 훔친다

색채의 형태가 음표처럼 펼쳐지는 눈부신 세상
색들이 혼재된 리듬 위에서 춤춘다

색의 무희가 경계 선상을 넘나들며
눈물 섞어 춤추면
살아오면서 새긴 주홍글씨도 자취 없이 사라지고

어둠의 그림자를 벗어나 드러날 확장
유한을 넘어
다음 또 다음을 펼친다

소멸 후 되살아 나는 묘용妙用이 빛난다

백일의 통한

빛이 소나타를 연주하며
사물들의 정수리에 내려앉는다

용광로처럼 강렬하게
허약한 내면을 굽던 여름빛

차디찬 얼음과자와 몇 권의 고전과 함께
너의 불같은 성깔을 받으며
부조리와 생의 굴곡에 맞설 힘을 키웠다

사물을 달구던 화염 물러가고
허공을 향해 적의를 품던 목백일홍 지고 나면
삼킬 것 같던 분노도
슬그머니 백기를 들겠지

신열 오르던 아픔도 다 여름 한낮의 일

빛의 오케스트라가 끝나고
비애의 서늘한 바람이 일면

서쪽을 향하는 일들의 의미를

더 깊이 생각하게 될 것이다

그리하여 너의 몰락을 아쉬워하며
다시 도래할 짙푸른 날을 그리워하게 될것이다

돌꽃

얼마나 깊은 시념이기에
그토록 선명한 문양을 새겼나

이루지 못한 사랑의 완성을 위해
돌 속에 씨를 뿌렸다

수억 광년의 서사를
눈물 없이 읽을 수 없다 했지만

위엄을 갖춘 그는 흔들리지 않았다
칼날 같은 칠흑을 다만 기다릴 뿐

어둠 속에도 빛은 스미고
정으로 모서리 다듬는 소리

얼마나 깊은 침묵이기에
그토록 선명한 화인火印을 찍었나

다음 생을 기다리는 명부전 뜰 앞에
연꽃 한 송이 돌올히 피었다

아리아드네의 실

의식을 지배하고 있는 생각이
글에 표현되기 마련이어서
울컥울컥 각혈이 넘어올 때는
언어가 새털처럼 가벼워 한 문장도 쓰지 못한다
이런 날은 물빛을 보려 강으로 나간다

어둑어둑 땅거미 내리는 강가
하루를 넘는 순연順延에 화답하는 물 주름
고요히 흐르다 허들에 부딪히면
높이 뛰어 더 빛나며
그 울음 받아 안아 흐르는 물별
실패라는 뒤안길은 흐르게 두고
여리게 부화하는 물 알의 가능성을 향해
끝없이 미래로만 흘러가는 너
쓰라린 고통의 즙을 짜 사유를 일으키면서
나에게 닿기 위해 달려온 아리아드네
네가 내민 실을 잡고
삶이라는 미로를 헤치며 걸어가리라

지구별에서 유랑을 멈출 때까지

모란의 망명지

숨겨져 있는 땅속의 일을 발설하기엔 아직 때가 이르다

길고 어두운 우물 속에

입 다물고 있는 숨겨진 이야기들이 자란다

밤의 공간은 침묵의 처소

침묵은 사물을 마주한 대상에게만 감지할 수 있는 소리로 은밀하게
얼굴을 드러낸다

치밀하게 계획된 오래된 음모가 깃발을 들었다

5월 바람에 섞인 매캐한 공포

빛의 흐름 속에 침묵이 반짝인다

지극한 섬세함으로 어둠에 저항하는 강도가 힘차다

불꽃 같은 활력으로 피어나는 핏빛 모란

〉
유골들의 온기가 아직 식지도 않았는데 흩어지는 꽃잎 꽃잎들

지구는 무수한 모란의

끝없이 떠나고 끝없이 다시 태어나야 하는 망명지

이들의 정착지는 어디에 예비 되어 있나

김진희

여기
아모르 파티
인드라망網
고사목
잠김증후군

2022년 『시와세계』 등단
시집 『잠김증후군』 『어둠을 각색하다』 외
이메일 : kjh272727@hanmail.net

여기

여기 있어야 할 이유도
거기 가야 할 이유도 없을 때
가고 싶기도 하고
그렇지 않기도 할 때
나는 용기를 내 여기에 있는다

가야 할 구실을 찾기보다는
여기 있으면서
있어야 할 변명을 궁리한다
구실도 변명도
있을 수 없다는 걸 알면서도

처음부터 없는 걸 찾는 것이
여기 있어야 하는 이유가 될까

하늘을 쳐다보며
손끝에서 피가 맺히도록
바람을 붙잡고 매달리는 것
그것만이 여기에서
내가 할 수 있는 모두인가

가야 할 그럴듯한
구실을 만들 때까지
나도 숨을 좀 쉬어야겠다

숨이 쉬어진다

아모르 파티

문을 닫은 사람이
열지 못해 두드리고 있다

안에는 아무도 없고
열리지도 않는다는 걸 안다
두드리는 소리는 더욱 커지고

그 손마디의 통증이
지난밤 내 꿈을 몇 바퀴 돌았다

문을 연 또 다른 사람
이제는 닫지 못해 허덕이고 있다

닫은 사람이
닫은 이유를 모르고
왜 다시 열어야 하는지도 알 수 없는

하늘 밑 여기

밤 내 딱따구리 허공을 쪼고
바위 절벽을 할퀴는 파도

흰 뼈로 부서져 흩어지고

그 뼈가 내 혈관을 돌아 나오는 동안
나는 눈을 감고
온몸으로 통증을 음미한다

나는 나를 지탱한다

인드라망網*

하늘로 돌을 던졌는데
떨어지지 않는다

콩 심었는데 콩이 나지 않고
그물코에서 떨어져나온
구슬이 여기저기 흩어져 있다

그걸 밟고 미끄러진 사람들
거리에 나뒹구는 고통의 비명

위로 던졌는데 떨어지지 않는 것이
이곳의 질서인가

그냥 무턱대고 걷다가
턱이 빠지거나
안개에 부딪혀 익사라도 해야 할까

우연이 찢어놓은 그물에 걸려
내가 무엇을 할 수 있나
흩어진 구슬을 주워 모아

---

* 온 세상을 덮고 있는 인연의 그물. 그물코에는 상호 연기(緣起)의 구슬이 달려있다.

그물코에 끼워 넣어 깁는 수밖에

코바늘 끝에 찔린 손가락에서
뚝뚝, 피가 떨어진다

고사목

죽어놓고
살았다고 생각하나

갈퀴 뿌리로 절벽에 달라붙어
부러진 가지 끝으로
여전히 하늘을 떠받치고 있구나

돌 굴러내리고
밑에서는 흙이 흘러 내리는데
함께 떨어지지 못하고
버티고 선 모습

끝 부러진 가지를
벌집과 거미줄에 내주고도
몸을 파고드는 개미 떼를
경멸의 눈빛으로 바라보고 있는 게
죽은 것의 자세는 아닐 듯

언제부터였던가
둥치에 말라붙어 있는 매미 허물 하나
살아있는 것처럼 웅크리고 있다

〉
더 이상 나이테를 만들지 못하지만
할 말이 남은 듯
절벽 위 하늘을 향해 손짓한다

후생이 궁금해
빨리 죽겠다는 사람을 향해
왜 자꾸 이름을 부르고 있나

거만하게 뒤를 돌아보면서

잠김증후군*

너의 이름을 불렀는데
입과 혀가 움직이지 않았어

꼼짝도 할 수 없이 감옥에 갇혔어
온몸이 묶인 채

창살밖에는 새가 날고 있더군
흰 구름 속에서 표백된 내가
날개도 없이 퍼덕거리고 있었어

갑자기 해변이 흔들리더니
백상어 한 마리가 물 위로 뛰어올랐어

의사는 송곳으로 온몸을 꾹꾹 찔러보더니
'잠겼다' 고 진단하더군
불치라나?
살아있지만 죽었기 때문이래

그러면서 졸피뎀을 삼키다가

---

* Locked-in Syndrome, 환자가 의식은 있지만 눈동자 외는 몸을 움직일 수 없는 가사 상태

청진기가 목에 걸려 허우적거리고 있었어

그런 그가 부럽더군
갑자기 사는 게 그렇게 아름다울 수가 없었어
울고 싶었지만
울 수가 없었어, 웃을 수도 없었지만

최혜리

11월은
핸드폰은 무음으로 대화는 눈으로
강가 옆에
낡은남자를 선물로 받았습니다
무학시장에서

2007년 『시와세계』 등단
시집 『아직도 부재중』
chlqhrsu123@hanmail.net

11월은

이별하기 좋은 계절
날카로운 연애들을 모아 이별하기 좋은 계절
붉은 감을 입이 찢어질 정도로 먹으면 애인이 돌아올까?

카톡 거리던 애인과 이별하기 좋은 계절

뱃속을 뒤틀다 목울대도 넘지 못하고
목마르게 내려앉는 사랑
오래된 것이 좋다고
모란 이불을 펴면

카톡이던 애인이 돌아올까?

오랫동안 방치했다고 삐져 버린 애인이 돌아올까?

우리는 카레를 먹었지
카레 묻은 입술에 카레를 비비며 웃기도
노란 카레를 다시 만들면 애인이 돌아올까?

침묵을 사랑했던 시간들을 심장 속에 쌓는다

건너지도 못하고 되돌이키지도 못하고 가는

11월의 이별은 다 져서 질 수도 없는 이별

핸드폰은 무음으로 대화는 눈으로

사업장은 온통 사람들로 가득차네
얼굴들은 서로 마주 보며 제각기 다른 방향으로 웃네
나는 얼굴 안과 밖에 숫자를 주고 받네
나의 시선은 제각기 다른 방향을 보고 있네
오십개의 얼굴들이 가고 나면 또 오십개의 얼굴들이 들어오네
오십개의 얼굴들은 나에게 빠른 번호를 달라며 아우성 이네
얼굴마다 다른 모습을 들이네

어떤 이는은 머리가 아프고
어떤이는은 담즙이 안나온다고 하소연 하네

나는 줄을 세우네
무념무상의 얼굴도 있네

"핸드폰은 무음 해주시고 대화는 눈으로"

이곳은 구천 볼트와 삼만 볼트의 생채전기가 몸속으로 흐릅니다.

두시 반 타임 나오시고 세시타임 들어 가세요.
제각기 다른 방향으로 움직이네 나는 또 줄으 세우네
사업장 안에서 바라보는 무학시장 건널목은 비가 내리네
어긋나는 얼굴들이네 또 들어오네

다른 얼굴들과 같은 얼굴이 섞여 버리네

질서를 지켜주세요
얼굴들은 제각기 다른 방향으로 가네

강가 옆에

집을 짓고 살다 보니
강물 소리, 새 울음소리를 듣습니다
별빛 보며 잠 없는 밤
건넌방 남편의 안부가 궁금해져
카톡을 합니다

"북두칠성이 어느 쪽에 있어요?"
"저녁을 잘못 먹었나?"

풋내나던 계절도 지나고
나무와 햇살과 바람이 단맛을 채우며 지낸뒤
빗나간 각도의 맛이 시큼한 밤

서로 한방씩 차지하고 앉아 카톡을 합니다
그래도 기댈 따뜻한 등이 있다고
앞산에 눈썹달이 시샘하네요

낡은남자를 선물로 받았습니다

욕조에 밀어 넣습니다. 축축한 불알에 이끼가 자라나 있습니다. 올리브오일로 오른쪽불알과 왼쪽불알을 비빕니다. 불알이 달그락거립니다. 달그락거리는 낡은 불알을 그녀는 맨손으로 만져봅니다. 서러운 감촉입니다. 엄마는 얼른 장갑을 끼고 오른쪽 불알을 뺍니다. 애야, 불알만 바꾸면 그래도 괜찮을 것 같다. 남자는 불알 힘으로 사는 거란다 잠시 어질합니다. 왼쪽 불알도 마저 뺍니다. 허둥대지 않고 눈을 감습니다. 거울에 안개가 서려 암흑일 뿐입니다. 믿고 기다립니다. 양쪽불알이 같아질 때까지, 서서히 일어섭니다. 새 불알속에 펼쳐진 세상은 조용히 속삭이듯 움직입니다. 그때까지도 머리는 감기지 않은 상태였습니다. 낡은남자를 선물로 받았습니다. 거울 속에 그가 쓰던 낡은 불알이 물끄러미 그를 바라봅니다. 청설모가 따다버린 호두알 같습니다. 물이 흐릅니다. 마르지 않은 불알이 흔들거립니다.

무학시장에서

한동안 살아야해
내가 살고 싶은 곳은아니야
바람 때문이지
그는 바람을 자주 바꿔
주머니 속에 바람을 가득 넣고
삼만 볼트의 생채전기를 좋아해
언제나, 나는 또 그의 설득에 고개를 끄덕이며
조금 늦게 도착하지
바람이 바람보다 조금 늦게 도착하는 것처럼
무학사장 저녁은 썰렁해
가끔 진품 명품집 가방이 팔려 갈 때도 있지만
나르지오 신발은 진열대에서 가볍지, 탭댄스를 추지
나는 물고기들이 파닥이는 동쪽하늘을 그리워 하기도

무학시장*은 반기문 로타리에 있어

표정이 없는 사람도 있지만
환하게 웃으며 눈인사를 건네면 좋아해
개떡같이 얘기 해도 찰떡같이 알아들어야해

---

* 무학시장 : 충주시문화동에 있는 시장

바람 때문이지
나는 주머니 속에 찰떡을 가득 넣고
비 내리는 무학시장을 걷고 있어

장대한

불렀다
우물 박물관
줄기
갇혀 있다
고리

2023년 『시와세계』 등단
6428913@naver.com

불렀다

연어를 보았다. 꿈속에서

냇가의 연어, 책상의 연어
컴퓨터의 연어, 연어가 따라다녔다.

매시간 자라나는
빠져나가고
부리가 달린

붙잡힌 얼굴, 그물 사이로 창문을 마주하고 돌아다녔다.
집을 찾아 지느러미가 자라났다.

배회한 거리에는 온전한 건물이 수십 채
그들은 거품을 내뿜으며 벙긋거린다.

가시를 세운 하늘 속으로 떠다니는 집이 있었다.

물결이 그 안에 스스로 갇힌
오랜 잠수를 마치고
긴 어항 안에 문이 있었다.

하얀 부레를 덧씌운 투명한 불빛을 읽어내요.

의자는 날아오르고 발목을 건네며
돌아온

암초를 수영하는데

우물 박물관

표류한 안경, 네게 주말을 보냈다. 등 돌린 스마트폰을 쳐다보던

사라진 너의 발자국은
증발한 너의 메일은

갈증을 넓혀야 한다고 했다.

언덕이 된 껍질만 남겨줘, 벌거벗은 모래를 벗겨줘, 그들과 함께 나는 걸어간다. 너의 아랫목을 어딘가로 떨어뜨렸다. 여기 힘껏 우물 속으로

우울 속으로

나는 지나간 골목을 꺼내는 바닥이다.
쏟아진 물을 퍼내며

줄기

바깥 무더기의 속은 얽혀있다. 덩어리졌다. 다리를 타고 머리를 베고 어디로 그들의 의자를 도려낼까요? 풀잎을 담아야 해요. 한 그릇 뿌리, 닿고자 하는 올가미로 읽은 한 모금, 얼마만큼인지 차마 잴 수 없습니다.

뜨겁습니다. 단지 그뿐입니다.
담겨있어요. 어느 도가니일지 쟁반일지는 모르겠어요.

골짜기였다. 줄기의 바깥 부분은 파랗게 피어오르고 달아나는 걸까, 아무도 묻지 않습니다. 지나가는 사람들은 무더기를 보고, 그 줄기를 보고, 빠져나가는 사람들은 그저 지나가려고만 하고

갇혀 있다

어제는 오늘과 만나지 못했다. 다시 상자가 아니었다. 포대가 아니었다. 퀴퀴한 시계의 걸음걸이, 기다린 그 닫힌 주름을 계속해요. 정적 위로 올라섭니다. 어떻게든 달아나 꿈을

그리고 자물쇠를 봐요. 무늬로 자라나며 그늘이었다. 끝없는 약속이었다. 외출하자, 외발자전거의 밤샘으로 저울의 키를 지운다. 미궁에 빠진다. 쌓이고 무너져서 시멘트 포대를 끌고 열어젖힌

눈을 치우며 오늘이었다.

고리

문병하러 왔습니다.
다달이 고립의 난제입니다.

풀어주세요 늘어놓고 왔습니다.

질문조차 나르는 동반자가 된다.
그는 그와는

따르며 말라버린 비품
그림이 다가온다.

두 번째 치열 반쪽짜리 쇠사슬

삼각대를 삼키고
너저분한 이 장소는 다층적이다.

옮겨 다니고 온통 발자국이고
여기에 무엇을, 기억나지 않는다고 합니까,
문병 왔습니다.

메마른 얼굴로 오릅니다.

칸마다 열을 놓고 가 보고자 합니다.

연결은 부서져 그는 맺힌다.
떠난 하루로 맺어져

문병하러 왔습니다.

이영식

무심無心
바람의 자서전
똥의 비밀
사람의 全集
깡통의 낙법

2000년 『문학사상』 등단
시집 『꽃의 정치』 『휴』 『희망온도』 『공갈빵이 먹고 싶다』 『꽃을 줄까, 시를 줄까』 등
lys-poem@hanmail.net

무심無心

살구꽃 그늘 아래

노인과 개 한 마리

앙상한 뼈와 뼈가 곁을 주고 앉아서

시늉만 봄나들이지

서로를 쬐고 있네

바람의 자서전

폭크록 가수, 밥 딜런의 자서전
"바람만이 아는 대답"을 읽어보셨는지
그는 내 젊음을 관통하는 유일한 코드였네
반전과 저항의 상징이 된 음유시인
평화와 자유에 대한 간절함을
바람이라는 시적 텍스트에 입혀 노래했던 거지

사람의 저녁 식탁은
참외를 깎거나 수박 쪼개듯
오늘 하루 눈앞에 펼쳐졌던 현상에 대하여
외유내강의 옷 몇 겹으로 두르고 주무르지만
나는 그들이 닫아 놓은 창문 흔들어
삶의 본질을 묻고는 한다네
우리는 어디서 왔고 어디로 가는지
또 어떻게 살아야 하는지

솔바람 하늬바람 샛바람 꽃샘바람~
나는 오가는 계절을 노래하듯 불어 재끼네
풀잎 하나 건들지 못하면 그 바람은 죽은 것이니
어느 순간도 나는 한 자리에 안주하거나
누구에게 갇혀 본 적이 없지

산내들 어디서나 숨은 듯 바람은 태어나고
창조되는 순간 모든 만물과 공유 되네

들리는가
밥 딜런의 음유시처럼
지금도 가끔 당신의 귓가에 내려앉아
속삭이듯 삶을 노래하는 바람,
그를 녹슨 전설의 자물쇠로 가두려 마시게

친구여 나는 자유의 다른 이름이라네

똥의 비밀

똥!
아기의 첫 장난감이다
제 몸에서 흘러나온 샛노란 꽃
처음 코로 스며든 냄새
엄마는 놀라 기겁하겠지만
하나님이 보시기에
아이가 뭉개며 노는 모습이
마냥 좋았더라

사람들은
꽃을 보자마자 치웠고
아이는 서서히 깨우쳐 갔다
제가 정말 좋아하는 일은
남들이 보지 않을 때 해야 한다는 것
그래서, 가슴 한 구석에
아무도 모르는 비밀을 갖기 시작했다

사람의 全集

몸이여, 너도 많이 힐었구나
얼룩을 무늬로 착각하고 살아온
노구, 못 박인 자리 곳곳 녹물 지리더니
바람벽엔 실금이 가기 시작한다
파스 붙여 통증을 달래보기도 하지만
한 번 닳고 나면 재생되지 않는
무릎연골족의 시름,
서쪽으로 기운 채 뒷짐 진 손 적막하다
사과를 쪼개면서도 물리物理 깨치지 못하듯
차안과 피안도 모른 채 고뿔로 혹사한 나날들
욕망의 다른 이름이었고
나를 내려놓거나 비우지 못해
더 채우고 잠갔던 아, 집
아집我執이여!
대들보로 세웠던 뼈들이 어깃장 놓기 시작한다
머지않아 무릎부터 삭풍이 불어오겠지
빗돌 하나 세워줄 누구도 없이
평토장平土葬으로 묻힐 오만 덩어리
생의 겨드랑이 비늘 다 털린 내 집의 풍경이여
사람의 전집은 뒷모습에 있겠다

깡통의 낙법

농담하듯 실없이 걷어차도

빈 깡통은
깡! 하고 날아가
통! 소리로 떨어질 뿐

속만 빼먹고 내팽개친 자
그 익명성을 끝까지 지켜내며
누구도 탓하지 않는다

폐지와 빈 깡통 주워
고향 학생들에게
억 소리 나게 기부한 노파도 있다니
세상은 아직 살 만 한 곳

이리저리 채이면서도
빙글~ 구르는 낙법으로 무장된 깡통
늘 떠오를 준비가 되어있다

김미정

얼음들
봄의 음악적 고찰
당신은 어느 아침에 살고 있습니까
가을 어학당
고양이 방

2002년 『현대시』 등단, 2009년 『시와세계』 평론 등단
시집 『하드와 아이스크림』 『물고기 신발』
kmj8192@hanmail.net

얼음들

세상 모든 비밀은 미끄럽지

순간이 녹으면 서로를 기억할까

일상은 늘 영하

언제부턴가 쓸쓸하고 사소한 이유가 추워졌어 대화에 입김이 서리고 얼어붙은 감정이 모여들어 여전히 기침이 멈추지 않네

그림자들은 마주 보고 옷을 벗기고
빛을 앓는 시간이야

손가락 끝으로 빠져나가는 온기들

네가 사준 외투는 이따금 따뜻했어 그래도 장갑 낀 손안에 모두를 재울 순 없지 빙하에 올라타는 꿈이었나 헐벗은 나뭇가지가 떠다니고

금이 간 새들이 멀어져가

누군가의 뒷모습을 배경으로

알몸의 계절이 빛나고 있었다

투명하거나 검은

봄의 음악적 고찰

돌이킬 수 없는 악보다

들판을 달려오다 넘어지는 생의 아이러니

향기가 부러진다

리듬을 피하지 못하고 피는 꽃들이 현란해

태양의 솟구치는 고음을 모르는 척했다

다 괜찮다는 듯 봄이 오고
그래서 4월인가

우린 아름다움이 간절히 필요했지

넌 모든 게 멈춘 것 같다고 말했어
음표는 나른하고 화음은 게을러져

꽃잎이거나 욕망이거나 뜨거운 건 다 끓기 시작해

이제야 알아버린 되돌이표

그래서 꽃일 거야

뛰어내리는 밤과 낮의 멜로디를 따라
몇 개의 쉼표는 자라 비밀이 되고

안과 밖이 혼수상태다

당신은 어느 아침에 살고 있습니까

비어있는 주선자가 혼사 끓고 있다

뜨거운 비밀들,
시간의 바깥으로 흘러넘치고

유리 조각이 식탁의 잘린 표정을 번식시킨다

나무에서/빛을 빼고/그늘을 걷고/화분을 지우자/비로소 그림자가 되고/주방 바닥에/유리잔을 깨고/베란다를 부수고/커피를 버리자/그녀만 남았다/빛을 쏟아붓고/울타리를 만들고/의자를 놓고/꽃과 나무를 심었다/눈부신 아침/아침과 또 아침/아침이 반복되자/아무도 모르게/그녀가 사라졌다

언제부터
하루의 내부가 이렇게 좁아진 것일까

만져지지도 않고
없지도 않은

투명한 하루의 이마가 드러나고 있었다

가을 어학당

붉은 잎들이 범람하고 있다

시간에 데인 이파리들
화단 모서리에 밑줄을 긋는다

꽃들의 감정이 흔들린다

나는 완전한 문장을 완성하지 못했다

물음표는 날마다
너무 높거나 파래지고

해석되지 않는 페이지가 늘어난다
그래서 10월인가

나무들은 떨리는 순간으로 계절을 기억하지

흩어지는 울음들
나를 스치고 그냥 흘러가

시든 접속사가 우릴 키우고 보살피지

〉
깊은 잠도 아름다운 삶도 아직 멀었지만
그래서 10월이야

들판으로 바람의 허밍이 구부러지고 있다

문장 끝부분이 낙엽이 되어 바스락 부서졌다

고양이 방

다가오는 울음이 점점 뾰족해진다
빛나는 상처란 없다

건너가는 건지 건너오는 건지
물어보는 고양이

나는 윤기 나는 불안을 흔든다
오후의 배후가 빨려 들어가는 동공이다

고양이를 따라 방으로 들어간다 고양이 울음이 둥둥 떠 있다 넘실대는 리듬에 몸을 맡긴다 나른한 고양이다 수염 달린 벽들이 사방이다 그것은 권태의 표정을 닮았다 고양이 무늬가 반복되고

시간은 허물어지면서 자란다

고양이는 작다
너무 작아 보이지 않을 때가 있다
난 요즘 물컹한 무언가를 자주 밟는다

세상 밖으로 뛰어가는 하품들
더 깊고 단단해지는 고양이라는 세계

〉
나는 천천히 고양이가 되어가고 있다
남루해진 햇살이 발톱 아래로 번져나간다

강동완

외로움은 광부의 삽처럼 번들거리네
숨소리
우아한 미술관
전갈의 노래
기린의 몸에서 흘러나온 노을

2017년 『시와세계』 등단
시집 『외로움은 광부의 삽처럼 번들거리네』
kangdw0826@naver.com

외로움은 광부의 삽처럼 번들거리네

외로움은 광부의 삽처럼 번들거리네
어두운 추억들은 검은 석탄들처럼 힘없이 부서져 내리네
광부의 심장 속에서 뿜어져 나온 따뜻한 피가 단단한 암석 틈에서 흘러 나오네
땅속에 숨어 있던 죽은 바람들이 광부의 뜨거운 목을 서늘하게 했네
석탄 가루가 날리면 광부들은 코를 손으로 막고 쿵쿵거리고
자꾸 눈을 깜박거리고 가볍게 날리는 것은 모두 아픈 것 이었네
광부의 시커먼 눈 속에서 잎사귀 가득한 나무들이 자라났네
강물의 냄새를 가진 꽃들이 피어났고 그 어두운 공간은
거대한 숲으로 변했지 광부들은 그 서늘한 그늘 속에서
모든 짐을 내려놓고 잠시 쉬기도 했네
이 어둡고 사나운 공간에 호랑나비 하나 날아들었네
광부의 따뜻한 눈물이 나비의 영혼이 되었을까
자꾸 나비들은 광부의 젖은 눈 속으로 햇살처럼 뛰어드네
어둠뿐인 이곳에서 희미한 백열전등의 푸른빛이
광부의 가녀린 어깨위로 먼지처럼 떨어지네
삽으로 석탄을 캐던 광부는 어깨가 탈골되기도 했네
광부들의 거칠게 숨 쉬는 소리가 단단한 암석을 깨트린다
이리저리 부딪치는 빗방울처럼 떨어지다가 흔적 없이 말라 가네
이 어둠속에서 광부의 시퍼런 입술 같은 추위가 서글프게 밀려

온다
광부들의 입술은 차갑게 죽은 나비의 날개 같았네
백열전등이 꺼지면 무거운 어둠속에서 광부의 눈알들이 떨어져 나와
희미하게 불을 밝힌다
나는 이 숨 막히는 어둠속에서 살아서 나갈 수 있을 까 아름다운 빛 속으로,
캄캄한 어둠과 두려움, 무의식이 매일 나를 덮쳐온다
외로운 광부들은 오늘도 번들거리는 삽을 들고 어둠이 가득 찬 내 머리 속에서 삽질을 하고 있다
내 머릿속에는 햇살처럼 핏물이 가득 차있다 붉은 눈물이 되어 흘러나온다
단단한 어둠속에서 다이아몬드 같은, 죽음보다 깊은 삶의 불빛을 찾는다

나는 오늘도 번득이는 삽을 들고 깊이를 알 수 없는 삶속으로
터벅터벅 걸어 들어간다

숨소리

내 다섯 개의 손가락 사이로 긴 생머리 휘날리는 락커의 고음의 노랫소리가 통과했다 스멀스멀 호박 덩굴이 마당을 가득채운 어두운 안개를 틈타 아무도 모르게 베란다를 뒤덮었다 드럼 소리에 맞춰 툭툭툭 빗방울이 호박잎에 떨어질 때마다 락커의 샤우팅이 들려왔다 처마 밑에서 방울뱀이 방울방울 물방울처럼 떨어진다 방울뱀들은 서로의 몸을 껴안고 구름 속에서 일곱 색깔의 무지개가 됐다 내 뭉툭한 손가락도 무지개로 만들어졌다

일곱 색깔의 무지개에서 일곱 색깔의 눈이 떨어진다

나는 쌓인 눈을 푹푹 밟으며 아이들과 눈 덮인 무밭에서 썰매를 탔다 내가 만든 발자국은 거대한 욕조 같았다 그리고 아이들의 얼굴도 일곱 색깔이었다 가죽 잠바를 입고 하얀 수염을 한 락커가 샤우팅을 하며 커다란 발자국 속에서 목욕을 하고 있다 발자국 안에는 따뜻했고 쑥 향기가 가득 했다 어둠속에서 칼을 찬 들쥐들이 락커 주위를 둥그렇게 감싸고 횃불을 들어 빙빙 돌며 인디언의 어떤 우울한 의식처럼 구슬픈 노래를 불렀다 그 의식은 붉은 눈알을 가진 짐승의 숨소리 같았다

락커는 새벽녘 해가 뜨기 전에 다섯 개의 손가락을 가방에 넣고 일곱 색깔의 무지개를 목도리처럼 어깨에 걸치고 안개 속으로 사라

졌다 차가운 안개가 됐다
　락커는 입속에 가득 담아 우물거리던 반딧불이들을 후 하며 빛없는 세상 속으로 날려 보냈다
　햇살 위에 앉아 있던 호랑나비 한 무리를 잡아 바람만 가득한 별 속에 풀어 놓았다

　락커의 샤우팅은 안개와 부딪쳐 처마 밑에서 방울방울 물방울처럼 떨어진다
　락커의 샤우팅은 가끔 영혼 없는 개구리 울음소리 같았다
　또는 축축이 외롭게 내리는 가을비였을까
　락커의 샤우팅에서 피 냄새가 났다
　매일 아침 어둠속에서 락커의 샤우팅이 호랑지빠귀 울음소리와 함께 들려온다

　붉은 구름이 붉은 눈물을 흘린다, 고개를 꺾고 마른 나뭇잎위에 손을 가지런히 모아 기도 올리는 락커, 바닥을 흐르는 락커의 숨소리

　내 심장은 아직 흔들리고 있다
　마른 나뭇잎들은 바람에 날려 아직 지상에 떨어지지 않았다

우아한 미술관

어둡고 하수구냄새 나는 도시의 구석에 미술관 하나 있었다
미술관 안에는 튤립향기가 진동했다
어둡고 차가운 안개로 가득 찼다
미술관은 누군가의 초상화 그림만 걸려 있었다
초상화속에는 검은 비가 내리고 있었다
이 미술관으로 들어가려면 손가락 하나를 자르고
잘린 손가락을 불태우는 의식을 치러야했다
가끔 그림을 구경하던 아이들이 흔적도 없이 사라졌다
다음날 사라진 아이들의 초상화가 걸려 있었다
그림 속 아이들의 눈동자 속에서 아름다운 빛이 새어나왔다

나는 문틈사이로 흘러오는 햇살을 뭉쳐
쇠똥구리처럼 미술관을 돌아다녔다
햇살뭉치는 거대해지더니 초상화들을 불태웠다
초상화에 갇혀있던 어떤 빛들이 하늘 속으로 사라졌다
어떤 빛은 구름이 되고 어떤 빛은 비가 되고
어떤 빛은 별이 되었다

아직도 도시의 구석엔 미술관이 있다
그 미술관 안에는 어떤 그림도 없었고 하얀 벽만이 있었다
나는 하얀 벽에 흐르는 눈물로 내 얼굴을 그리기 시작했다
초상화는 울고 있었다

나는 영원히 내 안에 갇혀 있다
아무도 미술관을 찾지 않았다

전갈의 노래

독을 품은 전갈들의 세상이다

내 입속엔 드럼을 치는 붉은 전갈이 산다
전갈의 독은 둥둥 드럼소리로 공기 중을 떠다니며 퍼져나간다
나의 독을 품은 몇 마디 말에 너는 온몸에 독이 퍼져 고사목처럼
굳어버릴 것이다
전갈의 독을 쏘인 달은 어린 애처럼 자꾸 눈을 비빈다
눈곱처럼 회색 구름들이 한쪽으로 몰려있다
전갈이 흙을 뚫고 나뭇잎을 기어 다니면 바싹 마른 이 세상에도
붉은 비가 내릴 것이다
달빛의 주머니 속에서 어머니의 한숨처럼 어둠이 무너져 내린다
이 세상의 모든 우울한 그림자는 독이 퍼진 차가운 눈을 맞으며
벌겋게 녹이 슨 슬픔을 토해 내고 있다
살얼음 위에서 아픈 그림자가 녹아내리고 있다
나뭇잎위에서 지나가는 사람들의 어깨위로 떨어진 전갈은 완강한
목에
뜨거운 눈물을 투여한다
독이 퍼지면 사람들의 가녀린 입술은 빨간 메뉴키어 바른 것처럼
붉어진다
사람들의 작았던 귀가 캥거루 귀처럼 커진다
밭에서 집으로 돌아오신 아버지는 전갈을 담은 술을 마신다

아버지는 평생 아픈 전갈처럼 사셨다
아버지의 등에는 신앙처럼 전갈 문신이 그려져 있다 깊은 밤 속 어둠이
누군가의 손톱 속에서 녹아내릴 때면 문신에서 전갈들이 나와
마룻바닥을 기어 다니며 슬픈 노래를 불렀다
그대의 젖은 눈을 만지고 싶어요 따뜻한 눈물을 흘리며 잠들고 싶어요
어린 동생과 나는 전갈을 구멍가게에서 넉넉한 돈으로 바꾸기도 했다
배고플 때 향기로운 베이컨처럼 전갈을 씹어 먹었다
내 입 속에서 전갈들은 알을 까고 입 속은 전갈의 모래 무덤이 되었다
어둠과 불타는 태양을 채워 넣은 내 어린 시절의 책가방 속엔 마른 전갈들이 책갈피가 되었다
오래된 상처 자국처럼 사람들이 보지 못하게 숨겨 놓았다
짝사랑하는 옆자리의 여자 친구에게만 아름다운 전갈들을 살짝 보여 주었다
독이 퍼진 내 삶은 뜨거운 구들장위에서 불타오르며 눈을 감는다
붉은 생채기들이 숨 가쁘게 독이 묻은 꽃가루를 묻히며 아물어 간다
내 눈물 속엔 푸른 독이 있다 나의 눈은 언젠간 멀어질 것이다

전갈의 독은 겨울 숲을 날아가는 날개 달린 그리움이다
전갈들이 흙을 비집고 세상 속으로 기어 나온다 내 혀가 얼얼
하다

기린의 몸에서 흘러나온 노을

별자리가 새겨진 기린 한 마리가 노을 속으로 터벅터벅 걸어 들어 간다
목이 마른 기린은 노을의 흘린 눈물을 먹었다
기린의 몸에서 아름다운 별자리들이 수없이 태어났다
나는 기린의 몸에 아름다운 별자리를 수없이 새겼다
기린은 가벼운 침묵 속에서 슬픔의 소리 흐르는 신비스런 우주 이다
기린의 몸에서 아픈 노을이 흘러나온다
기린은 구름으로 만들어진 방울달린 모자를 썼다
모자 속에서 안개가 새어나왔고 기린은 안개가 되었다
아무것도 볼 수 없으니 아무것도 만질 수 없으니 오히려 마음이 편했다
그러나 가끔 나의 손이 너의 뜨거운 심장에 닿았으면 했다
우울한 사람들이 안개 속에 불온한 기도문을 던지고 갔다
외롭게 땅 밑을 기어 다니던 안개가 내 몸에 달라붙었다
안개들은 전신주 밑에 모여 은빛 안경 태를 가진 돋보기안경이 되 었다
나는 이세상의 모든 꽃들에게 향기 나는 안경을 씌었다
떨어지는 붉은 꽃잎과 푸른 향기는 우울한 당신의 가슴속에 안전 하게 스며들었다
우울한 우리들의 가슴속에서 시들어버린 꽃의 향기가 햇살과 몸

을 섞으며
그늘 속에서 짙게 드리웠다
거인들은 신비스런 꽃을 꺾어 노을 속으로 던졌다 노을은 꽃의 향기를 맡으며
잠이 들고 기린도 따뜻한 구름 속에서 잠이 든다
향기로운 꽃들이 노을에 녹아 빛이 되기도 했다
그러는 날이면 거인들이 난쟁이가 되거나 난쟁이들이 거인이 되는 이상한 일이 일어나기도 했다
뜨거운 별들이 가녀린 내 몸에 달라붙어 몸은 녹아내리며 빛 속으로 사라졌다
늙은 기린 한 마리가 어둡게 말라버린 노을을 끌고 빛이 없는 행성 속으로 사라졌다
안개가 텅 빈 나의 심장을 채웠다 멈춰있던 심장이 어둠속에서 뛰기 시작했다
다시 안개가 걷히니 아름다운 노을이 보였다
노을 속에 누군가의 가벼운 영혼을 태운 나뭇잎이 떠다니기도 했다
저 멀리서 어린 기린 한 마리가 젖은 꽃잎으로 만들어진 노을을 끌고
이곳으로 오고 있었다

어린 기린은 안경을 썼고 향기로운 꽃들도 안경을 썼고 이세상의 모든 우울과 빛도 안경을 썼고 우울한 우리들도 가끔 안경을 밟고 생生을 가볍게 지나갔으나 그 모든 안경들은 깊이를 알 수 없는 안개였다 안개의 영혼이 죽어서 피어난 안개꽃으로 노을이 만들어진다 노을이 안경 쓴 기린이 되고 기린의 몸에서 흘러나온 노을 속에 아름다운 별자리들이 둥둥 떠다닌다
기린이 뚜욱 안경 속에서 가볍게
떨
어
지
는
소
리
마침내 들린다

최은수

이슈
좀비 행성
우산이끼
푸른 겨울의 이유를 물었습니다 ― 헌다獻茶
패권을 말한다

2021년 『시와세계』 등단
onquiet7@daum.net

이슈

투명한 얼굴을 밀면
여기 있어요 뜨거운 발걸음이 얼룩을 밟으며

너만 알고 있어 웅크렸던 숨이 헐떡인다

손과 손이 열리며 볼록 렌즈에 태워진 말들이
귓바퀴에 도톰하게 들어와 씨앗이 익어가
흘러내린 과육들 골목 어귀 지나며 검은 연기를 피워 올린다

그렇다네요 말끔한 입술이 기름칠을 하며

왜요
뭘요
어떻게 그런 일이

눈동자가 들썩이며 코끼리가 들려진다
꼬리에 꼬리를 붙들고 전진하는 깃발이 펄럭인다
활활 타는 마녀를 댓글에 걸어놓고 문패 없는 광장에 이른다

오늘의 날씨는 완성된다

건조한 문장이 한 줄
재가 될 때까지

좀비 행성

꽉 찬 룸이 떠오릅니다

죽는 마스크를 던집니다
좀비가 된다 해도 이상하지 않습니다
예정된 굴을 오가며 통과제의를 치릅니다

굴을 나섰습니다
동굴을 벽화 마냥 기념할 수 없습니다
유목민에게 고지된 숫자는 보이지 않는 약탈자입니다
쉬지 않는 렌즈를 따라 짐들이 걸어갑니다

있음과 없음의 진통을 파고듭니다
숙주가 사라진 위치에 수억의 별빛이 반짝입니다 다시 숙주가 됩니다
새로 시작되는 게임인 걸까요

가고 있음과 오고 있음의 파도에 휩쓸립니다
누군가 해방을 외칩니다 업로딩과 다운로딩 어디엔가
양자처럼 떠다니는 신형 주사를 놓습니다 행방을 놓친 이곳은 어디입니까?

바이러스는 명찰을 바꿉니다
빅데이터는 색다른 기침을 합니다 백신은 희망을 버리지 않습니다
미끄러지는 아침, 코드를 갱신하고 간판이 바뀌는 동굴 입구에서

가상은 실제처럼 혼탁합니다 이데아와 이데아가 유산을 상속하고
아우라를 낳은 유사 이데아는 평행 우주 시뮬라르크역에 머뭅니다
원본을 소명하는 사제처럼 신의 부름을 기억합니다
부름이 부음처럼 겹치며 검은 리본이 죄어드는 날엔
인공 유령 탯줄을 쓰고 숭고한 좀비가 되어 갑니다

의무감에 짓눌린 좀비는 더욱 좀비가 됩니다
꿈결의 벨이 울리면 예정된 좀비홀이 탄생합니다

우산이끼

폭염이 양떼구름을 먹어치운다

덥고 습한 손이 올라와
목덜미를 감싸며 귓불을 잡는다

밀쳐낸 피난길 사이렌이 울리고
발길을 버둥거린다

음지를 들춰내며 그늘마다
그림자를 옮기는 사람들

후다닥 몸을 당겨 봐도
잰걸음, 언제나 제자리

기우제 대기줄은 도살장 단두대

볕살이 찍어대는 낙인을 받으며
환하기만 한 천장에

홀로 우산을 받쳐 든 이끼

푸른 겨울의 이유를 물었습니다 – 헌다獻茶

피처럼 스미는 기억
젊은 초록이 번진다

물과 물이 만나는 둥근 선
안인지 밖인지
회전목마가 돌고 있다

우리는 매번 푸르렀다
비가 오면 퍼붓는 주먹을 피하려
우산을 만들어 잎의 노래를 불렀다
빙설에 미끄러지는 바위를 붙잡고

푸른 겨울의 이유를 물었습니다

바람이 말없이 전해준
강물이 꽁꽁 얼었다니까 저 눈보라를 봐
너도 너를 버려 그게 네가 사는 길이야

푸르게만 살아서 뭘 버려야 하는지 모르고
살이 튿어져 끝나지 않을 것 같은 겨울

떨리는 추위보다 서로의 안부를 확인할 때

없어진 자리가 내가 될 것 같은 그런 날에도
잎과 잎의 노래

줄기가 세어져 말라가고
익숙한 노래가 낯선 소리로 바뀌고
또 다른 시계가 계절을 돌릴 때

떨어져 내린다

하늘에 물결치는 푸른 지문 쌓이는 물방울
둥근 찻잔 속 산이 푸르다

패권을 말한다

접히지 않는 줄기를 따라 물풀이 너울거렸지
아랫입술을 주억거리며 벌레를 잡던 물의 기억

어둠을 탐하던 구멍에서
얇고 고운 은실이 등을 갈랐어

눈부신 햇살이 날개를 두드리면
빛을 향해 너덜거리는 그물
저 날개를 봐
공중을 담아 빠르게 날아올라 하늘을 차지해

끝이 닿지 않는 그곳 지역을 잠식하며
채워지지 않는 허기에 허기를 덮고
겹눈 프리즘을 쉬지 않고 돌려

드넓은 영공 동서 하늘 누비며
활공을 접지 않는 잠자리 날개

그을린 꼬리 끝에 노을이 물들면
미끄러지는

날개

빛은 허물을 벗지

김우숙

역류하는 슬픔
바늘귀 건너간 별
큐브
괜찮아
"원래 그래"라는 말

2025년 『시와세계』 등단
shanhokim@naver.com

역류하는 슬픔

다세대주택 반지하
더 갈 데 없는 막장 같은 방 한 칸
어둠의 창 박차고 들어온
한밤중의 물폭탄

그것은 예고 없는 폭력이었지
가재도구가 수몰되고
흙탕물 범벅이 된 졸업앨범 속
내 웃음은 젖고, 찢기고
마주 볼 수가 없었네

방바닥 박박 긁어가며
밤새도록 퍼낸 거짓 같은 현실
아침은 언제 그랬냐는 듯
하늘에 태양을 띄워 놓았다

젖은 방 탈출하지 못한 내 기억들
다 마르기도 전,
골목길 널브러진 배수구는
끊임없이 복사되고
또 다른 슬픔으로 역류하고 있다

바늘귀 건너간 별

벌어진 바지 솔기 사이로
삭은 실밥이 날린다
결핍의 구멍 같은

살다가
기계의 오작동처럼 벌어진
너와의 틈
짱짱하게 메우고 싶은 바람 때문에
고개 든 바늘침에 찔리고
한 방울의 피를 맛보며
한 땀 한 땀 별을 꿰맨다

박음질 선線처럼
반걸음씩 뒤로 빠지며 사는 것도
내 마음 안쪽에 길을 내어
너에게로 가는,

바늘귀 건너간 별이 총총하다

큐브

각신 몸 3차원의 정육면체
군기 바짝 든 병사들 같다

누구 하나 이탈자 없이
손끝에서 열 맞추는 큐브
몇 시간째 섞이고 있다
여섯 가지 색깔로

신神이 나를 조립하듯
모서리 너머로 밀어냈다가
가슴으로 당겨오기를 수십 번

한 면이 맞춰지면
다른 면은 온갖 감정들로 뒤엉키고
오후의 햇살도 길 잃은 듯
내 등 뒤에 바짝 붙어
큐브에서 헤어나지 못하고 있다

혼자 노는 법을 안다는 건
스스로를 돌보는 일

다시 큐브 들고
혼자 놀기의 숙제를 푼다
나를 조정 중이다

괜찮아

걱정 마
한 마디 위로가 필요했지

어깃장 난 가슴 안은 채
밤바다에 가 보았는데
파도는 철썩이며 듣기만 하라네

바다가 할 말이 더 많단다
시위라도 하려는 걸까 파도 소리 격렬해
제 몸 굴려 부서지며 내는
바다의 울음소리
밤 깊도록 듣기만 했네
흑경 앞에 홀로 선 듯
팽팽한 눈싸움의 시간,

無念
한 두레박 긷는 밤바다

발바닥에 달라붙은 모래알갱이들
괜찮아, 다 좋아질 거야
위로랍시고 까끌거리며 따라오고 있었네

"원래 그래"라는 말

입버릇처럼 달고 살았지
난 원래 그래

뭔가 켕기는 듯하고
빠져나갈 궁리가 마땅찮을 때
돌덩이 던져 잠그는 말
난 원래 그래
말문이 닫힌 둘 사이
보이지 않는 벽이 세워지고
등 돌려 앉고 만다

밭두렁 거닐다가
똬리 틀고 앉은 뱀을 보았다
내게 달려오려는 듯 몸 풀더니
머리 세워 쳐다보곤 쏜살같이 사라졌다
난 원래 그래
이 또한 그의 방어기제였던가
집에 돌아와서도
뱀을 본 첫 느낌이
눈에 박힌 듯 자꾸 떠오른다
끈질긴 뱀의 이빨이 징그럽다

〉
원래라는 말
한번 닫히면 잘 열리지 않는 문
빗장 친 安住보다는 개방형 실패가 나을지도--
나를 그 안에 가두지 말자

홍재운

난독증
멈추지 않는 길
반영은 반영하고
우리는 모두
길 밖으로

2005년 『시와세계』 등단
시집 『정자역 지나 오리역에도 비가 흐른다』
『붉은 뱀을 만나다』 『오늘 비가』 『안녕, 푸른 고래 수염』
woon461@hanmail.net

난독증

활자가 온다. 활자가 밀려다닌다. 먼저 온 활자가 쏟아지고 마구 휘몰아치고 활자야, 문을 닫아도 찾아다닌다. 내 눈을 두드리며 커졌다 작아졌다 망고나무야, 네팔이야, 그가 북소리를 던진다. 엎드려야 할까, 어느 지점에 밑줄을 그어야 할까, 활자는 끊임없이 달려오고 쏟아지는데 넘어가지 않는 사람, 페이지에 눌리는데 어제 찾은 자리를 오늘 다시 찾는다. 흰 마스크 어두워지는

마스크, 읽을 수 없는 우리는 모두 저녁이 되었다. 아무리 읽어도 모르겠어, 너를 어제 만난 내가 생각나지 않아, 내 등을 읽고 있는 사람들, 찍어 누른 기계들, 튀어나온 활자를 잡아당기면 끌려 나올 당나귀님, 푸른 귀 뻐꾸기님, 중절모자를 쓴 나는 철판을 맨발을 불 안불안 걸어가요. 읽으며 지워지는 모래 속으로 넘어가요. 나뭇가지 끝으로 뻗은 언덕을 기억하죠, 여백이 돌아오는 마을

읽을 수 없는 고래 뱃속이에요.

멈추지 않는

길 밖으로 나는 벗어난 적 없는 짐승, 언제 그칠지 모를 바닥과 진동으로 송곳니가 어두워진다. 발아래 콘크리트 바닥을 바라본 적 있다. 캄캄해질 때까지 뼛속 푸른 들판, 변해버린 계단에 대해

바닥이 쏟아진다. 그림자가 없는 발자국
도로에서 또 다른 건널목으로

걸음에
더 많은 발목을

골목은 일어선다. 날아간 폭설이 거리는 울음 같아, 감도를 조절한다. 카메라를 꺼내 눈을 감는다. 한 스텝 더 하얗게 쏟아진 채

눈부신 꼬리를 관통하는 도시는 색이 없습니다. 터져 나오는 오후를 밟을 수 없습니다.

움직임이 사라진 빌딩은 뒷모습을 비워놓고
숨은 고양이의 몸을 뱉어내고 있다.

반영은 반영하고

　스쳐간다. 처음 본 사람이 지나간 사람을, 유리창이 유리창으로 번진다. 언 듯 벗어놓은 그림자 속으로, 빗살들 '밀어내지 마!' 엉뚱해지고 녹아내리고 소리가 없다. 안과 밖은 안의 말도 밖의 소리도 보이지 않는다. 들리지 않는다는 것을, 우리는 알고 있다. 속이지나 말지, 수없이 뻗어 나오는 손목, 발목의 또 다른 방향들, 얼룩이었을까

　일그러진 건물이 출렁이고, 미끄러지고, 수없이 끌려와서

　방법이 없다. 안과 밖으로
　기억이 없다. 우린 서로 공작새일까.
　구급 차일까.
　햇살이 뿌려놓은 물고기일까.

　구름이 흘러간다. 볼록거울처럼 빠져나가고, 마주친 눈동자 속에, 왜곡된 가로수와 자동차들이 쌓인다. 벗어날 수 없는 내부로, 더 먼 길 밖으로 지나간 오늘을 시작한다. 사라진 또 다른 걸음이 밀려온다. 멈춤이 없는 사람들은, 말이 없는 무한으로, 무한히 늘어나는 무언극으로 움직인다. 기계처럼 걸어가고 굽이치고

　겹친 어깨에서 마주친 얼굴은, 내부일 수 있고
　중앙선일 수 있어, 마주친 벽이 빠지고 있었다. 기다렸다는 듯

　마을버스가, 처음 본 사람을 다시 또, 꺼내놓는다.

우리는 모두

밀려나는 존재이다. 우리는 먼 거리의 머나먼 별. 자신의 별에 갇힌 나 또한 운둔자이다. 높이 쌓아놓은 책 속에 숨어, 미지의 방랑을 꿈꾸는 접힌 페이지다. 그의 귀퉁이는 나의 불안, 거꾸로 가는 거울이다. 분리수거하거나 가위로 자르고 싶지만 세상의 모든 거울은 사라지지 않고 돌아서지 않고 제 자리를 사수한다. 영원히 무엇인가? 끝나지 않는 불안, 그 거리의 도시에서 선 방향은

밀려선 거리만큼 아득해, 공기일까

눈에 보이지 않는 것은, 쏟아진 말들은, 가도 가도 끝나지 않는 페이지, 덮어도 살아나는 페이지, 해안선을 따라 깨지지 않는 들판이 절벽을 이루고 있다. 모르는 페이지들이 밀려온다. 읽을 수 없는 머리카락까지 선명해지는 나뭇가지, 눈보라가 도착해야 해, 더 많은 태풍과 그리하여 세상의 모든 페이지가 길을 잃고, 계절을 잃고, 또 누군가의 몸이 되어 깜박이는 배경이 되어야 한다. 우리는 모두

길 밖으로

그는 이 골목을 지나간다. 보도블록의 끝에서 마주치기도 한다. 누군가 지나가고 한동안 머문 흔적이 쌓인다. 그러나 지나간 사람의 이름은 알 수 없다. 매주 나는 그의 곁을 지나간다. 가끔 모국어가 아닌 언어들이 머물렀으나 잠깐 머문 햇살처럼 좁은 틈 사이로 사라져 갔다. 어디서 왔는지, 무엇 때문인지, 왜 오늘 이 골목이었는지, 알 수 없다. 우리는 강요하지 않는다. 반쯤 열린 문 사이로 아무도 앉지 않은 테이블 위로 그는 나의 고요를 내려놓는다. 거기 대답처럼 마주한 빛과 그림자, 멈추어 서서 귀를 열어보지만 그는 어디에 살고 있는지, 어느 방향인지, 너무 많은 골목이 내 안에 있다.

아무리 걸어도 닿지 않는

여름을 이끌고 있다. 색과 색이 달아나기 시작했다. 소리가 한데 어우러져 부딪치고 있었다. '위험해' 이 함성은 진흙 같아 지워도 빠져드는 꿈속, 이어폰을 밀어 넣고 다음 골목으로 도시 탐험에 오른다. 쏟아진 창을 나누고 통과하는 간판을 들여다보면 거기, 새로운 구도가 감은 눈을 뜨지, 숨은 담배꽁초를 만난 것처럼 아무도 머물지 않는 곳, 벽이 뜨거워지고 있어, 버려지고 짓밟힌 자리, 그 낮은 이름의 낡은 표정들, 쏟아진 색은 자신의 배경과 함께 뒤섞여 또 하나의 세계를 이룩한다. 폭염이 흘러내리는 한낮, 발목이 흥건해지는 도시의 뒷골목은 낮과 밤을 절반씩 나눈 허공이 되어, 길 밖으로 흘러내리고 있다.

최규리

벽돌 빼기
숲속으로 달아나는 닭을 보았지
당신의 가슴과 내 귀 사이에
희망 고문
붕괴하는 봄

시인·문학평론가
2016년 『시와세계』 등단
시집 『질문은 나를 위반한다』 『인간 사슬』
sprit104@naver.com

벽돌 빼기

"그림사를 세우면
벽돌을 하나씩 주겠어요"
표지판 앞에는
많은 사람들이 그림자를 세우려고
북적였다
다른 방향으로 걸었지만
달라붙은 그림자를 붙들고
뜯어내려는 사람들의 몸싸움이 벌어졌다

벽돌은 받아서 뭐 합니까?
그림자는 투명해요

유기된 아기가 벽돌처럼 배송된다
기쁜 손가락들이 장벽을 제치고
달려가는 불빛들

울지 않는 것이 없는데
환대할 수 없는 순간 앞에서
뭉쳐지는 기억들

과거를 향해 쌓여 갔다

그림자를 흔들며 줄을 선다

머무르지 못하는 봄 앞에서

장례 차량들이 번호표를 받아 들고
달걀이 깨지는 순간을 기다리며

싸울수록 단단해지는 춤
빈틈없는 날들
각진 시간이 다가온다
그러니 벽돌을 주세요

숲속으로 달아나는 닭을 보았지

창가에서 새를 기다렸어
긴 머리카락을 빗질하는 동안

푸른 산호초처럼 자라는
손톱
빛이 되려는 반달
잎사귀는 노래를 멈추고
스스로를 지켜야 하네
더 이상 자라지 않는 날개를 접네
밀림이 책을 만드는 동안
나무는 아이들을 숨겨주거든
푹신한 풀이 있거든
뒹굴고 싶거든
어디라도 흐르는 구름이 있거든

머리카락을 땋아
성벽을 타고 내려간다

닭은 깊은 숲속을 헤매다가
밤이 되면

늑대에게 잡혀
달이 되겠지

긴 머리카락을 자르고
찢어진 치마를 벗고

세계를 이해하지 못해서
내려가는 중이다
빛을 이해하려고 했던 서투름과
당신과 내가 놓쳐버린 기억과
성벽의 울타리보다 위험한
정원의 아침
늑대에게 잡히지 않는
달이 되려고

당신의 가슴과 내 귀 사이에

구름은 의혹을 만든다 종종 만나는 이상 기후와 합리적 의심 이상하게 두근거리고 이상하게 식은땀이 나서 모든 것이 탐스럽게 피어나는 순간 조금만 가까이 조금만 흘려보낸다 차가운 청진기가 내 귀에 닿을 때 무섭도록 쿵쾅대는 당신의 심장 소리가 무엇이든 해낼 수 있기를

    봄바람이 부는 언덕에 올라
    잡을 수 없는 심장과
    멈출 수 없는 아우성이
    언제든 뛰어내릴 수 있기를

    다시 청진기를 손에 들고

    차가운 이마와 뜨거운 가슴에서 부딪치는
    혈류의 마찰음은

    오우 이런 간지러움
    우리는 말릴 수 없는 고집을 가졌지 매화 향기가 그 고집을 꺾을 수 있기를
    처음 보는 식물 이름에 귀 기울임
    구름의 대이동을 향해
    양 떼처럼 뛰어 햇살을 뭉쳐

희망 고문

느린 우체통에서 엽서가 왔다.
어느 날의 마음은 죽은 채 발견되었다. 시체는 내 것이어서 버릴 수도 없었다. 다 잘 될 거야. 포기하지 않으면 언젠가는 이루어져. 누군가는 용기를 주고. 누군가는 용돈을 준다. 친구가 시체를 빌려달라고 했다. 죽고 싶지만 죽을 수 없다는 친구에게. 시체가 배달되고. 친구는 시체를 입고. 시체 안에서 편하게 잠들었다. 시체가 되면 욕심을 부리지 않게 되지. 우리는 시체를 모으기 시작했다. 많을수록 편안해질 거야.
시체가 없는 사람에게는 대여하기로 했다. 어깨에 수많은 시체를 메고. 밤새도록 야근과. 시체가 넘쳐 은행에 저금도 했다. 누군가는 시체를 훔치기에 이르렀다. 포기하지 않으면 언젠가는 이루어져. 그런데도. 누군가는 칼을 들었고. 누군가는 목을 그었다. 1년 전이나. 1년 후나. 스스로에게 편지를 쓰고. 스스로를 위로하던.
다 잘 될 거야
막연한 한마디가 침대에 쌓여갔지
사람들은 시체 속으로 들어간다
대체 불가능한 말들로 가득 찬, 병으로 들어간다.

붕괴하는 봄

광장 위에 내리는 햇살을 바라본다
폭설처럼 쌓이는 빛

세계는 누그러지지 않았다
꽃의 사례는 호의적이지 않다
거친 나무껍질을 물어뜯는 꽃잎
역류하는 물결로 만개하는
작고 어린 손

팽창한 인형이 춤을 춘다
장단에 맞춰 빌딩이 내려앉는다
코끼리는 광장에서 난동을 부리고
수많은 인파 속에서
흐드러지게 핀 꽃송이가 밟혀도
우리, 도망가지 않았다

산책로의 어린잎이 당신과 가까이 있고
어처구니없는 절벽에서
씨앗이 되었을 때
치열하게 땅을 껴안아 본다

사육자들이 기억하는 것은
오로지 낡은 입술과
바람으로 세워 올린 풍선사람
빼앗아야지,
청계천에 출몰한 거인의 술잔을

난민이 되더라도 여기서는 안 돼
우린 저마다 빛을 들고

쏟아지는 꽃송이는 무지한 몸을 덮친다
마침내
꽃가루로도 성벽을 허물 수 있음을

이점선

배추흰나비
낙화
시를 안 쓰는 시간
그게 뭐라고
풀의 속성

2004년 『시와세계』 등단
시집 『안개기법』 등
jinjupin@hanmail.net

배추흰나비

논두렁을 달린다
무논에 빠질까봐 양손으로 바람을 잡으며
구불구불한 논두렁을 달린다
거뭇거뭇 탄 자국 사이로 새 싹이 올라온다
비 잦은 유월 논두렁 패랭이꽃 보면서 달린다
무릎 찌르는 풀잎들 치면서 달린다
메뚜기 떼 우두두 달아나는 논두렁을 달린다
메뚜기 떼 스스스 빛처럼 사라지는 논두렁을
달린다
곧바른 논두렁이 없는 논두렁을 달린다
실뱀이 엎드려 잠든 돌무지 하나 넘으며
달린다
자운영 지천으로 핀 논두렁을 달린다
죽고 없는 사람들 등에 난 논두렁을 타고 달린다
굽은 손마디에 손톱사이 흙이 낀 손가락
사이로 달린다
나락을 이고 앞도 보이지 않는
논두렁 따라 달린다 논두렁에서 넘어지면
물참방대는 무논에 빠지는 길 밖에 없어
안간힘으로 양팔을 이리저리 바람에 얹어
날듯이 달린다 다우나 치마 흩날리며
구름 위의 논두렁을 달린다

달래 냉이 가득한 빈 논으로 달린다
아무도 가꾸지 않아도 무성해진 논에
나비되어 달린다 노랑나비다

낙화

동백꽃들이 빨간 빛을 간직한 채 바닥에 누워있다
꽃송이 그대로인 채로 누운 꽃을 보러 가기도 했다
땅바닥에 몸을 기대고 가만 누워있다
생의 꼭지를 향해 달리던 친구들도 몇 명
귀 어지럼증으로 입원을 하였다
어지러워서 눕지 않고는 못 배기는 병이 있다
세상이 빙글빙글 돌기에
누어야만 사는 병이다
친구들도 꽃들도 더 견디기 위해
낙화한다 낙화도 아름다운 꽃들이 있다

시를 안 쓰는 시간

초등학교 동창에게서 전화가 왔다
마누라가 아파서 김장을 못하게 되었으니 배추를 빼가란다
내 배추 좀 보고 가라고 청을 한다
마누라는 서울서 항암 치료받고 있는데
내 마누라 대신 배추 좀 어떻게 해 달라고 주문한다
나는 6000원하는 칼국수 한 그릇에 막걸리 한 병
점심으로 사 주고 어린 무를 빼 와서 동치미를 담궜다

그게 뭐라고

산과 산 사이의 하얀 구름이 가리는
산봉우리
마을과 마을 사이의 초록색 나무 띠와
길가의 가로수의 선
누가 로시니와 잤느냐에 대한 질문과 답
새벽 세 시의 기상과 눈꺼풀
왼쪽에서 본 달이 다음날 아침에
오른쪽 창에서 볼 수 있을 때
하룻밤이란 애매한 길이
잔다와 산다의 가까운 거리
폭우 뒤의 물속의 풀들과 수면의 높이
날마다 뜨는 달을 날마다 볼 수 없는
창문의 눈을 가진 집 속에 갇힌 사람과
사는 사람의 기쁨의 질량
심증은 있으나 애매모호해서 단정짓기
어려운 현상들 사이로 오렌지빛 금붕어
달빛같은 꼬리 흔들며 지나간다

풀의 속성

풀숲에 죽은 풀 열매가 서 있다
갈색 열매는 병든 모습일 수도 있으나
바로 옆에 연두색 여린 새 씨앗주머니를 달고 있다
죽은 듯이 살아 있는 풀 열매
남편 월급날이 다가오고 돈이 떨어질 때면 죽은 듯
꼼짝않고 집에 있었다
몇 푼 남으면 책을 사 버리고 지갑을 비웠다
힘들어 눕고 싶은 날은 책 한 권 들고
욕조에 드러누워 책을 읽었다
밝은 빛을 보면 책을 읽고 싶었다
숨만 쉬는 집구석에도 탈출구가 있어보였다
부엌 한 구석 욕조 안
나의 한 구석은 나를 키웠다
길섶에 서서 풀을 본다 떠나지 않는 속성은
비루한가 풀들 속에서 풀들이 일제히 허리를 편다
뿌리가 말라서 바람에 날아가 사막의 한 줌 모래가 될지언정
풀은 제자리에 있다

오현진

고흐의 나무
밀양 密陽
악몽
한강의 새
눈사람

2024년 『시와세계』 등단
tkdwldvk1@hanmail.net

고흐의 나무

나뭇잎이 흔들린다

19c화가의 붓 끝에 시력을 잃어가는
하늘과 나비 떼

뽑히는 불꽃과 같이
벽난로 속에서 걷는 뿌리로

전봇대 길 위 낡은 여인숙 창, 교회
가는 길목에서

잎들은 금이 되고 하늘은 돌이 되어

밀양密陽

정원이 있다 꿈으로 물은 꿈으로 가고 있다 물빛은
달빛 아래
잎은 꿈으로, 꽃잎은 꿈 속의 꿈으로 간

장미가 서 있다 가시관을 쓴 눈물이 파헤쳐진 연못
에 닿아

햇볕 그림자 가운데 떨어지는
잎 하나
잔물결이 이는 달빛 아래 가고 있다 꽃잎은 꿈으로

악몽

검은 박쥐 날아간다 비명의 설벽 위로
핏대가 터지고

붉은 나비

되 날아온다 흐느끼는 동굴 속
목젖이 타도록

다물 수 없는 입 막혀 있는 귀
막아 선

저 눈빛이 기상을 알리는 듯 퍼덕이며

한강의 새

악어가 살고 있다

다리 밑 무더위를 바라보는 악어
새 다리 위로 서성이는 푸른곰팡이 핏

빛 푸른새 날아간다

피 굳은 포댓자루 띄워 보는 두 발로
올라간 강가에

그 곰팡이의 새가 부른다

얼어가는 머리만 내민 깡통 떼 줄기

눈사람

단추 없는 함박눈으로 옷을 입는다 담 너머 앞산
눈꽃 가는 길 지나온

바람이 오는 길 추위를 만난다

산사의 종소리가 둥지를 찾아 둥둥하게 서기까지
두 귀로의 마당은 그리고 눈과 사람은

허진아

자유정원
푸른 사과
1m 앞에서 죽은 새는 우는 새
나무명상
나는 움직인다

2010년 『유심』 등단
bluedalgaebi@naver.com

자유정원

꽃이 혼자 피었다 진다 물푸레나무는 물푸레나무로 소나무는 소나무로 산벚꽃나무는 산벚꽃나무로,

만개의 꽃잎이 만개의 형식 만개의 내용으로 피었다 진다

바람 불면 흔들린다 물푸레나무는 물푸레나무로 소나무는 소나무로 산벚꽃나무는 산벚꽃나무로,

만 개의 잎사귀가 만 개의 형식 만 개의 내용으로 흔들린다

당신은 만년을 걸어 이제 막 보여주는 풍경, 새가 새의 색으로 나비가 나비 색으로 꽃과 꽃 사이를 난다 바람에 흔들리나 꺾이지 않는 당신은,

만 개의 형식 만 개의 내용으로 쏟아지는 자유다

푸른 사과

사과밭을 찾았습니다 사과는 아직 푸른색 잎과 사과를 구별할 수 없지만 잘 익은 사과가 떨어지길 바라며 사과의 둥근 면을 걸었습니다

익는다는 건 단맛과 신맛을 구별하지 않는 것 둥글게 돌아 제자리 서는 건데 우리는 사과 두 쪽처럼

벤치 양 끝에 앉았습니다

펼치면 겹칠 수 있는 거리 둥글어질 수 있는 말 사과를 만지듯 무릎을 만지며 가지에서 가지로 날아가는 새의 곡선을 오래 바라보지만

사과는 아직 푸른 색

침묵이 말의 뼈일까 벤치에는 맞출 수 없는 말이 쌓여가고 너는 너의 자세로 나는 나의 자세로 견디는데

푸른 사과가 떨어져 구릅니다 푸른 심장처럼

1m 앞에서 죽은 새는 우는 새

단풍나무 아래 돌이였다 나무토막이었다 1m 앞에서 죽은 새

커다란 남자 한 쪽 다리를 바지에 못 넣고
우두커니
새보다 높고 새보다
작게 우는데

tv 소리로 물 끓는 소리로 슬리퍼 소리로

반이 죽어 반이 반을 끌고 걷는데
반은 살아있는 무덤이거나 아직
태어나지 않은 돌무덤

작아진 남자 한 쪽 팔이 소매를 못 찾고
우두커니
새보다 붉고 새보다
멀리 우는데

책갈피로 깜박이는 커서로 검은 건반 못 갖춘마디로

1m 앞에서 죽은 새는

죽지 않은 새

(죽은)새가 운다

나무명상

나는 명상이 되는 중입니다
잎이 되었다 꽃이 되었다 뿌리가 됩니다

빛을 품은 잎이 녹색 크리스탈입니다
손을 들어 저으면 명멸하는
수천 개 조각 빛

좋은 일이 무엇일까요
지금 좋은 일이 나쁜 일이 되어도
좋은 일일까요

나무로 생각합니다
한 뿌리에서 나오는 꽃과 잎처럼
하나라고 좋고 나쁜 일이
꽃 보듯 잎을 보라고
뿌리가 되라고

꽃과 잎이 져도 명상이 끝 간 데 없이 뻗습니다
보이는 것은 보이지 않는 것의 일부라고
바람이 옮깁니다 빛 조각을

나는 움직인다

이것이고 저것이다 자르고 조각낸 것들을 '안다'라 정의하지만
나를 움직이는 건 '안다' 밖의 것

에베레스트를 넘는 기러기 향유고래의 잠
수레국화의 보라

그러므로 그래서 그리하여 정의한 것들에 번호를 주고
명명하지만 논리의 틈으로 스미는 것

나뭇잎 하나가 어떻게 심연을 건드리는지
노을이 시간을 옮기고 강물 앞에서 순해지는지

그러나 그래도 그렇지만 한 발 뒤로 무르는 작고 여린 것
이소離巢하는 새의 날개
11월 장미
아이의 주먹

손톱에 뜬 그믐달처럼 다른 곳에서 다른 것으로 오는 '안다' 밖의 것

바다와 땅이 하나 되는 하늘 조개구름 양떼구름 새털구름

〉
손등에 떨어진 첫눈과 사라짐
순간, 내가 없는 나

심우기

사포
아니다
성에
작설차
위대한 포도

2011년 『시문학』 등단
시집 『검은 꽃을 보는 열세 가지 방법』(2013), 『밀사』(2016) 외
enets@hanmail.net

사포

아물지 않은 상처
겉면을 박박 문지른다
고통보다 더 뼈저리게
거친 호흡과 잉여의 기름을 닦아내고
마음 뒤편에 녹슨 흉터를 닦는다

세포보다 더 예리하고 날카롭게
심장 돌기를 털어내듯 문지른다
유리 가루를 비벼 만든
질긴 울음과도 같은 신음

꺼칠꺼칠한 사포의 면을 들어
박박 문지른다
매끈하여 때 하나 없는 머미의 모습으로
당겨놓은 정강이의 근육이 튕겨 나간다

이젠 더 이상
울지도 웃지도 않는다
남은 건 사포 위에 박힌
수천 개의 시간 조각
피와 숨이 뒤섞인 날카로운 파편뿐이다

아니다

남자도 여자도 아니 사람도 짐승도 아니다

꽃도 풀도 아니 나무도 아니다

흙도 돌도 아니 강도 바다도 아니다

물도 불도 아니 구름도 바람도 아니다

성자도 범인도 아니다
아비도 어미도 아니 자식도 아니다

노래도 경전도 아니 교리도 철학도 아니다

신앙도 학문도 아니다
신도 철인도 아니다

아니다, 아니다

나는
그저 한숨이다

성에

건물을 타고 올라간 서릿발
내놓은 두 발이 서늘하다

가시 얼음으로 부러진 목울대처럼
고층 유리창, 한겨울 추위
새벽까지 잠 못 이뤄휜 촉수를 드리운다

통창 전부 뒤집어씌운 얼음 결정
피 흐르는 검지로 누르면
닿은 곳 눈물 고인다
손 떼면 다시 얼어붙는 깊은 슬픔

자꾸 아파서 긁어도
다시 덮는 사선斜線
죽은 것조차 다시 살고
번식하고, 영육하는 창

서릿발 닿는 곳, 꽃으로 핀다
다섯 손가락조차 얼어붙어
엉겨 붙는 피톨,

살점조차 뜯겨 펴진다

머리털 곤두세운 겨울 창 숲
점점이 하나둘
뜨거운 불 켠다

작설차

새 부리 속, 작은 쌀 톨 몇 알찻주전자 위를 둥둥 떠다닌다

짹짹, 종일 지저귀던녹차가 우러난 한 잔의 서늘함

다기 잔이 좁다고 웅크렸던 날개를새가 퍼덕이며 펼친다또르르, 한 잔이 내려온다

어린 새 부리 뾰족한 혓바닥 위에서푸르른 비약이 풀려산빛을 번지게 하고남도의 푸른 바람을 퍼뜨린다

포로롱, 이파리 문 새다시 다기 주전자 속으로 스며든다

맑아진 속새 한 마리 살며시 난다

위대한 포도

1
쭈글쭈글한 포도
남은 것은 단단한
한 점의 씨앗

2
송이에서 뚝
떨어진 알 하나가
피 되어 뛴다

3
시든 눈동자
씨는 아직 고요히
살아 있다

4
남은 시간은 짧다
손톱이 먼저 부서져
포도알을 세는 밤

5

썩은 포도에서
심장이 피어난다
땅은 숨을 쉰다

6
말라간다
알맹이는 녹고
씨만 남는다

송 영

열쇠
찔레꽃
초여름 2
편지
야생화

2023년 『시와세계』 등단
a01065423451@gmail.com

열쇠

새소리 가득한 꽃밭을 열어
환한 내면을 적셔주어
나비떼처럼 날아볼까

텅빈 밭이라도
들어갈 수 있는 열쇠가 있어
꽃나무 심고 가꿀 수 있는 무지개 바라본다

햇살같은 마음 밭으로
열매 맺어 씨앗 주어
봄이 오는 그 날을 열어 주어
먼 산 꽃바람 바라본다

빛고운 밭 만들 수 있도록
깜빡이 할미 나무 쓰다듬어
땅속 깊이 파고 파서 열어 주어
희망 꽃밭 가득히 채워주기 바라본다

찔레꽃

녹색 향기 그윽한 계절
하얀꽃 마음도 하얗게
가시 돋아 흑색 물 물리쳐
하얀 물결로 이루어준다

백짓장 같은 하얀 꽃이
맑고 고운 향기로 나비들 품어
새색시 숨결로 가을 하늘 아래
빨간 열매 바라본다

눈부신 하얀 꽃잎 타고
하늘에 올라 그리움으로
반짝이는 별빛 아래 서서
달콤한 향기 뿌려줄까

초여름 2

연두빛 날개 펴서
청청 공기 이루어
말아 쉬던 가쁜 숨결
잔잔하여 파란 희망 이루어준다

새들의 노래 은빛 햇살
솔솔 부는 초록 향기
땀방울 송송 날려 주어
파란 나무들 꽃노래 불러준다

싱그러운 초록으로 장식하여
여유로운 초록 물결 이루어
지평선 같은 초록 들판에
시원한 바람 불어 가슴 가득 채워준다

편지

맑은 물속 당신의 마음의 글
내 마음속에 사랑으로 남아
강물이 흘러도 옥돌 되어
떠내려 가지 않았다

관념에 젖어 꽃몽우리 되어
꽃피우지 못해
심장 속에서 두근거리는 꽃몽우리
나무는 알까요

눈발이 쌓여 얼려 있어
꽃향기 날리지 못해
속 깊이 그리움 되어
고운 향기 가득 담아 떠날 수가 없었다

붉은 꽃잎 편지 받지 못해
풀잎속 촉촉이 스며들어
오래 오래 빛나는 글
마음속의 두근거림 한 생에 남아 있다

야생화

아무도 찾지 않아 이름 없어도
이웃들과 함께라서 외롭지 않아
자유로이 꽃망울 터트려
여의치 않았다

바람 햇살 비는 함께라서
외롭지 않아 서로 이름 모르는 이웃들
서로서로 호흡하며
손 잡고 함께 걸어간다

바라지 않으니 시린 외로움 없어
산과 들 길섶 찾는 이 없어도
피고 지고 자유자재로 웃고
앞만 보고 걸어간다

새초롬 꽃을 피워도
은은한 봄 맵시 내어주어도
작은 꽃 피워주어도
이름없이 불러주지 않아도 외롭지 않아요

이현희

중고차 수리 공장
환승
답장
측백나무가 있는 운동장
수선화

2020년 『시와세계』 등단
lhh7038@naver.com

중고차 수리 공장

차를 구입한 후
보닛을 열어본 적 없다면

지금 열어 본다
열고
닫고

차가 들어 오고

저것 좀 내려 주세요
말하기 전에

내가 쓸 것을
미리 건네주는 사람이 있다

그와 같이 일한 지는
십 년도 넘는다

조각을 붙이고
붙일 수 있는 대로 붙이고

꽃밭은

봄부터 가을까지

화려한 꽃들이
피고 지기를 반복한다

우리는
만난 지 얼마 안 되는 사이처럼

별 말 없이
쪼그려 앉기도 하고 일어서기도 한다

와이퍼가
이쪽 끝에서 저쪽 끝까지

왕복운동을 하는 동안
내가 뭐라 말하기 전

그는 달라 붙은 철판 조각을
뜯을 수 있는 대로 뜯어

바닥에 쏟아 버리기도 한다

환승

        G2001 버스는 16분을 기다려야 하고 53번 버스가 먼저 출발한다 앞에 가는 트럭 짐칸에 LPG 가스통이 있다

    정류장에서 쉬기도 하고

      묶인 채로 가다가 트럭이 설 때 가스통도 같이 선다 한강진역 부근 공연장에서는 배우가 부르는 노래와 썼다가 지워지는 자막이 앞서거니 뒤서거니 속도를 조절하며

    알파바와
    글린다

      이야기가 흘렀다 둘째 막 어디쯤에서 대사가 엉키는 것 같았지만 별일 아니었다 노래가 끝난 후에도 자막이 오래 남아 있기도 했다 내리막쯤에서 53번 버스가 가다 서다

    차들은
    앞에도 있고 뒤에도 있다

      천천히 간다 환승 정류장엔 G2001 버스가 우리보다 먼저 와 있다

답장

우리 일 년에
한 번 보면 어떨까

일 년에
들쭉날쭉

생각날 때
만나는 친구가 제안한다

헤어질 때부터
보고 싶기 시작해서

기다리다가

헤어져 돌아온 다음 날부터
보고 싶기 시작해서

기다리고

돌아온 다음 그다음 날부터
기다려야 하니까

〉
앞으론 총총 만나자
말하려던 참인데

답장을 못 하고 있다

측백나무가 있는 운동장

공을 발로
힘껏 차자

운동장 가에
고개를 숙이고 있던 사람이
고개를 든다

한 번 구르기 시작한 공을
되돌릴 수 없어

공은 잔디 위를 빠르게 구르고

물까치가
발가락으로 풀섶을 헤치자

나무가 흔들린다

공이
잔디 위에 잠깐 서 있다
그런가 했더니

고개를 든 사람이 물까치를 본다

수선화

호숫가에
수선화가

뿌리가 뽑힌 채 널려 있습니다
호수에는 물이 많습니다

밤새 가라앉은 물이
얼마큼 가라앉았나

물 아래를 봅니다
물 칸나는

물 위로 올라오고
계단을 내려온 사람이

호수 난간을 잡고
까치가 날아가는 쪽을 바라봅니다

난간은 그대로 있습니다
물은

물을 따라
호수를 채우고

수선화가 피어나던 자리에
수선화가 자랍니다

차영미

자세라는 조각들
문득
아직
물리적 도망 2
안개밭

2015년 『시와세계』 등단
시집 『괄호를 묻는 새벽』 『여기, 오독이 내리고』
kd487@naver.com

자세라는 조각들

종이책을 건너 전자책을 누르다가 읽어주는 성우를 내려받는다 속도는 1.8배속, 책꽂이 가득한 읽지 않은 책들의 눈총이 들린다 상상 속에서 여러 명이 죽었고 변덕스러운 주인공이 댓글 속에서 난도질당하고 키득거림이 배회하는 중이다 지하철 손잡이를 잡고 소음 구간을 넘어가고 애플 방석에 앉았다가 바디필로우에 누웠다가 꿈속에서 무선 이어폰의 눌림에 잠이 깬다 마감 일정이 도착하고 눈을 뜬 채 코를 고는 반려견을 톡, 건드리면 화들짝 이른 저녁이 곤두선다 무엇을 상상하든 병맛입니다를 키득거리고 두 개의 모니터가 쌍둥이처럼 단락을 뱉어낸다 발 받침대를 고정하고 마우스는 읽히지 않는 문장과 씨름하다가 뒤로 가기, 복사, 새로고침, 다시 허리를 세우면 우로보로스*는 꼬리를 삼키고 진동을 따라 흩어지는 소리, 소리들

---

* 우로보로스(Ouroboros): 자신의 고리를 물고 있는 뱀 또는 자신을 삼키는 뱀으로 묘사되는 고대의 상징.

문득

오늘의 섹스는 끝이 안 좋을 것 같아, 생각했다

너와 걷고 있다는 것을 알았는데 낯선 얼굴이었다

내가 없는 자리와 네가 없는 자리의 차이는 무엇일까, 떠올리고 말았다

입 옆 부스러기를 떼어주며 예전 같으면 내가 먹었을 텐데, 그가 말했다

아무것도 준비한 것이 없다는 것을 알아 버린 날, 책상 위 책과 잡동사니 가득하고 노트북은 느리게 로딩되기 시작했다

호일에 고구마를 말아 굽고 삭제된 연락처를 수소문하고 답을 기다리는 오후,

문득과 만약 사이 아직 오지 않은 불안이 서성거리고 있었다

아직

고요가 소음을 부르고 지표면으로 내려앉는다 하얀 골목위로 까치 두 마리 걸어다니고 낡은 단풍이 계단을 점령한다 거친 빗자루가 새벽을 쓸고 간 자리 흉터처럼 질긴 눈발을 펼치고 있다 깨진 병 하나 아직 골목 끝에서 퍼석거리고 오토바이 소리 밤새 배달앱을 질주하는 사이,

고장난 감정이 들썩인다 당신을 만나러 가야 할 날짜를 뒤집는다 문자도 볼 수 없는 눈으로 말조차 하지 못하고 병실에 누워 있는, 함께 있어도 말은 점점 줄어들고 기다림은 배반하지 않을까, 말라버린 위로가 숙제처럼 무거워지고 말이 많이 필요한 날 말끝을 자꾸 잘라 먹는다

폭설이 오기 전 당신을 만나고
핑계처럼 글썽이면 말없이 토닥이는 마른 손가락
당신, 아직 거기에

물리적 도망 2

　질긴 통화가 따라왔고 골든 트라이앵글Golden Triangle[*]은 흙탕물로 넘쳐흐른다 비는 종일 내리고 커피는 변덕없이 쌉싸름하고 향긋하다

　풍요가 피의 역사를 만들었던 국경 앞에서 셔터 소리 요란하고 불상은 나른하다 낯선 언어들이 젖은 도로를 뛰어다니고 점심을 검색한다

　두고 온 일정이 달라붙는다 반려견은 산책을 다녀왔을까, 집에선 용변도 못보는데, 밥은 먹었을까, 반찬이 남았을지, 일상은 끈적하다

　시간을 입은 기억은 변질되기 시작하고 자기 복제의 구간에 도달한다 뭉친 언어를 강물에 던지고 낡은 배들이 건너도 나무 바닥은 견고하다

　고소공포증 있는 남편이 숏츠shorts를 여행하고 반려견이 콕, 발을 깨무는 소리 골목을 지나는 두런거리는 이야기 사이 두고 온 나를 툭, 털어 모니터 앞에 걸어둔다

---

[*] 태국, 미얀마, 라오스의 접경지역, 과거 아편 재배로 악명이 높았다.

안개밭

　여기는 머리가 없는 나라, 다가갈수록 무채색으로 번진다 수평을 벗어나는 둔덕, 넘나드는 수다 사이로 배경이 가득차고 파도의 도주를 훔쳐본다

　갯벌의 숨구멍을 밟으면 비릿하게 올라오는 문자들 사이 도망자처럼 헐떡이는 그림자들, 뼈가 튼튼한 공상이 밀려가고 흥얼거리는 노래가 숨어든다

　투명을 입고 흩어지는 안개 무리 속, 빽빽한 인연을 한 켜 솎아내는 눈과 마주한다 창백하게 일어서는 햇살 사이 말아 둔 오후가 쏟아지는 소리, 몽환처럼 얼굴마다 희미해지고

송준영

눈은 내리고 다시 눈은 내릴 것이고 아득한 눈이 내린다
차를 끓이며
조주고불趙州古佛
한 여름날
칸나

1995년 『월간문학』 등단
시집 『눈속에 핀 하늘 보았니』, 『습득』, 『조실』, 『물 흐르고 꽃 피고』
연구서 『반야심경강론』, 『현대언어로 읽은 선시의 세계』, 『禪, 발가숭이 어록』
시론집 『현대시의 이론과 실제』, 선시론 『禪, 언어로 읽다』 등
y7276@hanmail.net

눈은 내리고 다시 눈은 내릴 것이고
아득한 눈이 내린다

작년을 넘어 눈이 봄눈이 내린다 작년 또

오늘도 아닌 오늘 오늘의 눈이 내린다 눈 위에 내가 눈 아래 내가 있다 나는 나 아닌 눈사람 눈을 머리에 이고 다가오는 사람들, 다가오고 지나고 열심히 아스팔트 위에서 눈사람이 걸어가네 나 없는 내가 걸어가고 작년 넘어 눈이 내리고 다음다음의 눈이 올 것이고 주먹코를 풀면서 주먹코 밑 입술 위 카이젤수염 눈사람이 걸어가네 눈으로 다리를 베어낸 빨간우체통이 눈을 감고 눈에 다리를 묻고 서 있네 눈이 다리 감추고 바람이 눈 사이로 망토를 펼치면 어린아이를 감추고 날아가네 바람다리 눈된 바람이 그렇게 오고 그렇게 가네 없는 내가 보이는 내가 있고 내가 보여지지 않는

눈이 눈을 보네 그 곳곳마다 바로 이 찰나의

차를 끓이며

눈발이 휘날림을 본다
난초 꽃잎은 스러지고
북창에

빈자리
소리
물을 받는
다완茶玩

뜨거운 차 우려내고
참회의
시간이

다관茶罐에 몰아넣는다
말발굽이
나를 밟는 찻잎 한술

조주고불 趙州古佛

　어느 날 남전산에서 동당과 서당의 수좌首座들이 새끼 고양이를 놓고 다투고 있었다 남전[南泉] 방장이 이것을 보고 마침내 고양이를 새끼를 들고 "말해보라 말하지 못하면 베겠다" 모두 대답이 없었다. 남전화상和尙은 새끼 고양이를 두 도막으로 잘라 버렸다.

　조주*는 어디로 갔다가 이제야 오나. 어슬한 저녁.

　스승 남전은 앞의 얘기를 조주*에게 들려준다. 벽암록 63칙의 공안[南泉斬猫]을 내려놓는다. 너 같으면 어찌할래? 조주는 아무런 말 없이 짚신을 머리에 이고 나가버렸다. 남전 화상이 "만약 네가 있었다면 새끼 고양이를 구했을 터인데" 중얼, 중얼거렸다.

＊　조주(趙州從ㄱ,778~897)의 남전참묘(南泉斬猫) 화두는 『선문염송』 207칙에는 「참묘」로 있다.

한 여름날

빗질하는 소리 오늘도 햇살 너머
바람이 꽉 찬 마당 밖 빗자루 서 있고
들마루 아래 지나는 듯한 자국 사이

바람만 서 있어라

누가 자꾸 흔들고 있나 봐 한여름 여름
여름을 당기나 봐 쉬어가는 바람만 서
있어라 방울방울 솟는 내 맘 내 소리

칸나

칸나가 있던 남대천 둔치엔 칸나가 없고 칸나가 없는 자리엔
낮은 포복을 하던 짙은 구름 한쪽은
궁둥이 자국 난 바위에 걸터앉아 칸나의 작년을 생각하고

칸나는 흔적이 없고 칸나의
작년은 흔적이 없고 칸나의
생각만 피어 있고 칸나가 핀
자리는 없고
칸나만 피고
칸나가 처음 꽃이 핀 날은
신문이 오지 않았고

칸나가 핀 날은 아무 일도 일어나지 않고 다음 날 소나기가 왔고*
칸나의 제목 아래 까만 겉눈썹도 짙은 눈시울도 이젠 없고
너무 많은 하늘이 남의 집 울타리에 하릴없이 다리 하나를 걸치고**

칸나가 아스팔트에도 피고 기침을 하며 서해로 가면
칸나도 나와 함께 토하며 서해로 달려가고
칸나 앞에서 한 일도 없는 나는
칸나 속에서
칸나와 함께
칸나에 대한 시나 쓰고***

시나 쓰고 시나 쓴 가을은 기침만 하는 나의 가을은 머리카락만 날리고
덩달아 부는 바람 속눈썹만 날리고 아내도 없는 빈방
칸나는 팔방 무늬 천장에 펄럭이고 국화꽃 무늬 벽에도 펄럭이고

---

* 늦가을 꽃잎 지듯 혼성모방(패스티스 시) 글이 씌어 졌다.
  *은 오규원의 칸나 변용이고
  **은 김춘수 칸나의 변용이며
  ***은 이승훈의 칸나 변용이다.

우리나라 시의 표현 방법

송준영(시와세계 발행인)

이상李箱

|보유|

기존 전통시와 극명하게 대립되는 1930년대 이상의 시를 살펴보고자 한다. 우리가 지금까지 살펴본 선시의 표현 방법론의 특성인 적기수사법賊機修辭法이 우리나라 실험적 현대시의 뿌리인 이상의 시와 어떤 점에서 마주치는가를 예증하고자 한다.

이상은 초기의 우리나라 모더니즘 시의 비조鼻祖로 알려져 있다.

19세기 보들레르로부터 시작되는 현대시는 그 특징을 '긴장과 부조화'라 할 수 있을 것이다. 이 '긴장과 부조화'는 표현 방법으로 볼 때는 '아이러니와 초자연주의'인데, 이것은 아방가르드시의 두 가지 특질이다.

|강설|

'아이러니와 초자연주의'는 형식상에서는 선시의 반상합도나 선시의 초월은유와 선시의 무한실상과 흡사한 표현으로 읽힙니다. 우리 시의 아방가르드적 요소는 1930년대 이상의 시에서 드러납니다. 이상의 시는 유기적 예술 작품이라는 전통적 개념 파괴, 실험적 새로움, 우연성, 벤야민적 알레고리 등 네 가지로 요약된다[1]고 했습니

---

1) 이승훈, 『모더니즘시론』, 문예출판사, 1995, 10쪽.

다. 이것은 형식적 측면에서 본 입장이 아닌가 하는 생각이 듭니다. 이상의 시를 분석하여 보면 필자의 견해로는 '그의 시는 이항대립적인 우리의 정상화定相化된 관념을 깨트린 새로운 세계, 곧 우리가 떠나온 본성의 세계에 대한 동경을 노래하고 있다[2])고 생각됩니다.

   ② -1
   13人의兒孩가道路로疾走하오.
   (길은막다른골목이適當하오.)
   제1의兒孩가무섭다고그리오.
   제2의兒孩도무섭다고그리오.
   제3의兒孩도무섭다고그리오
   제4의兒孩도무섭다고그리오.
   제5의兒孩도무섭다고그리오.
   제6의兒孩도무섭다고그리오.
   제7의兒孩도무섭다고그리오.
   제8의兒孩도무섭다고그리오.
   제9의兒孩도무섭다고그리오.
   제10의兒孩도무섭다고그리오.
   제11의 兒孩도무섭다고그리오.
   제12의兒孩도무섭다고그리오.
   제13의兒孩도무섭다고그리오.
   제13의兒孩는무서운兒孩와무서워하는兒孩와그렇게뿐이모였소.
   (다른事情은없는것이차라리나았소.)

   그中에1人의兒孩가무서운兒孩라도좋소.
   그中에2人의兒孩가무서운兒孩라도좋소.

---

2) 필자는 이승훈 시인에게 이 문제를 제시하고 여러 석학들의 견해를 되물은 적이 있다. 1,500여 년 전에 말한 '佛說 般若波羅蜜 卽非般若波羅蜜 是名般若波羅蜜'인 곧 "부처가 말한 반야의 지혜는 곧 반야의 지혜가 아니고 그 이름이 반야의 지혜다"라는 『금강경』의 어구를 왜 새겨보지 않았는가?라고,

그中에1人의兒孩가무서워하는兒孩라도좋소.
그中에2人의兒孩가무서워하는兒孩라도좋소.
(길은뚫린골목이라도適當하오.)
13인의兒孩가道路로疾走하지아니하여도좋소.
　　　　　　　　　-「오감도」- 시제―일호 전문

| 보유 |

「오감도烏瞰圖」는 1934년 조선중앙일보에 7월 24일부터 8월 8일까지 연재한 연작시로 연재 도중 독자들의 비난으로 중단된 시의 표제다. 원래 조감도鳥瞰圖는 높은 곳에서 내려다보는 것처럼 그린 그림을 뜻한다. 곧 '오감도'는 이상이 쓴 조어다.

| 강설 |

"13人의兒孩"에 대해서 이승훈은 시 후반부에서 '아해兒孩'의 의미와 결합되어 불안을 표상한다고 하였고, 이 '13人'은 기호와 상징의 중간 개념으로 인식된다 하였습니다.[4] 그리고 아해는 아이의 낯설기로 봄이 타당하다고 했습니다.

또 "도로道路로질주疾走하오"에 대한 의미는 이규동은 '불안의 극단적 형태 혹은 성적 흥분'으로 보았고, 정귀영은 '현대의 위기의식'으로 이어령은 '미래를 향해 질주하는 인간의 현실적 상황과 역사적 도정을 표시하는 은유'로 보았습니다. 이승훈은 '도로'는 '막다른 골목'이어도 좋고 '뚫린 골목'이어도 좋다고 시에서 진술하였으므로, '도로' 그 자체의 의미보다는 질주의 의미가 강조되었다고 했습니다.[5] 그러나 필자는 '막다른골목/뚫린골목'은 자/타, 주관/객관의 이항대립적인 오랜 관습에 의해 생긴 인간의 정상화正

---

3) 이승훈 편, 『이상문학전집 1』, 문학사상사, 18쪽.
4) 이승훈, 위의 책, 18쪽.
5) 이승훈, 위의 책, 19쪽.

相化를 해체하고 보다 수승殊勝한 세계, 우리의 본성의 세계를 펼쳐 보이려는 의도에서 나타난 표현법이라 생각합니다. 이것은 적기수사법인 선시의 반상합도와 선시의 초월은유, 선시의 무한실상으로 인한 새로운 세계의 첨가며 본지환처本地還處의 세계입니다.

그리고 2행의 "길은막다른골목이適當하오"는 22행의 "길은뚫린골목이라도適當하오"와 구조적으로 대립되어, 길은 뚫린 골목이든 막다른 골목이든 관계가 없다는 의미로 읽힙니다. 이런 반어적 의미는 1행의 "13人의兒孩가道路로疾走하오"와 23행의 "13인의兒孩도 道路로疾走하지아니하여도좋소"에서도 구조적으로 대립된다는 입장에서 이해되어집니다. 따라서 '13人의 아해가 왜 도로로 질주하는가' '도로는 막다른 골목인가 뚫린 골목인가'에 대한 대답은 중요치 않게 되고, 시에서 중시되는 것은 '아해들의 상태'입니다.

이런 해석은 시를 읽는 데 작가 이상이 무엇을 그리고자 하였는가에 대한 의미상 많은 접근일 수 있습니다. 그러나 필자의 생각으로는 앞장에서 우리가 보아온 선시의 적기수사법 중 '선시의 반상합도'와 '선시의 초월은유'에 의한 수승된 다른 내적이며 외적인 일체의 실상을 여시하게 표현하고자 하는 선시의 무한실상의 수사법으로 읽힙니다. 곧 우리의 정상定相이라 규정하는 관습화된 일상을 돌이키고 뒤 틈으로 정상과 비정상이 융통하고 회감廻感하여 수승된 또 다른 세계로 나아감을 말합니다. 서로 다른 것이 합일되어 고차원의 세계로 합도되는 경지니, 수사학적으로 말하면 A라는 시어가 B라는 시어와 서로 상치하는 듯하고 대립하는 듯하나, 보다 큰 차원에서는 서로 융합회통融合回通하는 것, 그래서 하나의 통일된 수사적 효과를 거둠을 말합니다. 곧 A와 A가 아닌 요소인 $\bar{A}$와 서로 상치하고 대립하는 듯하나, 결국 수승된 세계를 표현하는 바로 우리가 세워온 $A=\bar{A}$의 상태로 무한한 상상력을 넓혀줄 뿐만 아니라, 우리가 떠나온 밝음[明], 바로 그 자리로 환지본처還至本處하는 것입니다. 곧 선시의 수사법을 충분히 활용하고 있음을 느낍니다.

여기서 필자는 선시에서 무수히 도출되는 적기수사법을 다시 살펴보아야 한다는 생각이 듭니다. 때문에 적기수사법을 도출한 『금강경』의 주 수사법으로 나타나는 곧 '부처님이 설한 반야바라밀은 곧 반야바라밀이 아니고 그 이름이 반야바라밀이다'[6])라 함은 'A는 A가 아니고 그 이름이 A다' 인 A=Ā라고 도식화됩니다. 이것은 유=무, 애=증, 희=노는 머리가 꼬리에 맞닿을 수밖에 없는 자성이 무자성임을 이른 것입니다. 그리고 "여래가 말한 삼천대천세계는 곧 세계가 아니고 그 이름이 세계이다"[7])라는 선구禪句를 선학들은 언어의 허구성이라 규정하지만, 이것이야말로 천하의 두두물물은 그냥 적멸하고 스스로 있을 뿐, 그 속내는 바로 무아임을 일컫는 것입니다.

총정리 해보면 아래와 같습니다. 우리에게는 이것이 차제에 의해 이해되어지지만 사실 적기賊機에 의한 돈오頓悟할 때만이 가능한 것입니다. 어떻게 이상은 이런 도리를 알았을까? 깊은 경이에 빠집니다.

결국 위의 시, 2행/23행은 이항대립적인 우리의 정상화된 사고를 해체하므로 둘이 아닌 새로운 세계, 불이不二의 세계로 들게 하려는 화자의 의도를 읽을 수 있습니다. '막다른골목(A)/뚫린골목(Ā)' 에서 '막다른골목(A)=뚫린골목(Ā)' 으로 선의 세계, 우리가 떠나온 환지본처還至本處를 그리고 있습니다. 그리고 16행 '제13의兒孩는무서운兒孩와무서워하는兒孩와그렇게뿐이모였소' 도 '무서운兒孩/무서워하는兒孩' 가 '무서운兒孩=무서워하는兒孩' 이니, 불교의 『유식론』에 의하면 우리는 본래 '안이비설신의眼耳鼻舌身意 기관과 그 대상이 되는 색성향미촉법色聲香味觸法의 경계를 가지고 있는 한 이항대립이 상존하고 있다고합니다. 그러나 이것은 우리의 일상화된 삶의

---

6) 『金剛經』第13「如法受持分 第十三」. "佛說般若波羅蜜 卽非般若波羅蜜 是名般若波羅蜜."

7) 『金剛經』第30「一合理相分」. "如來所說 三千大千世界 卽非世界 是名世界."

관습일 뿐 본래의 세계는 A/Ā의 세계가 아니라 A=Ā임을 선도리에 서는 천명하고 있습니다. 곧 '무서운兒孩=무서워하는兒孩' 라는 두 두물물頭頭物物[8]의 본향, 본래의 세계인 무아를 이상은 「오감도」에 서 드러내고 있다고 봅니다.[9]

② -2
그사기컵은내骸骨과흡사하다.내가그컵을손으로꼭쥐었을때내팔 에서는난데없는팔 하나가接木처럼돋히더니그팔에달린손은그사 기컵을번쩍들어마룻바닥에메어부딪는다.내팔은그 사기컵을死守 하고있으니散散이깨어진것은그럼그사기컵과흡사한내骸骨이다.가 지났던팔은배암 과같이내팔로기어들기前에내팔이或움직였던들洪 水를막은白紙는찢어졌으리라.그러나내팔은여 전히그사기컵을死 守한다.
            - 「오감도」 詩第十一號 전문

|강설|
위의 시행에는 두 개의 팔이 나옵니다. '현실적인 팔(A)/환상적인 팔(Ā)' 입니다. 곧 '사기컵을 손으로 쥐고 있는 팔' 과 이 '현실적인 팔에서 접목처럼 돋아난 환상의 팔' 이 주제입니다.
사기컵을 메어치는 팔은 환상의 팔이 됩니다. 그리고 "사기컵을번 쩍들어마룻바닥에메어부딪는다.내팔은그사기컵을死守하고있으니"라

---

8) 두두물물은 두두시도(頭頭是道)이고 물물전진(物物全眞)이다. 두두는 도(정신 적 측면)를 일컫고 물물은 일체가 그대로 온전히 진실함을 말한다. 곧 정신과 사물 모두를 이른다.
9) 이상이 어떻게 이런 도리를 생각해 낼 수 있었을까? 앞의 선학들은 장님이 코끼 리 만지듯이 스스로의 생각을 드러내고 있다. 필자는 이승훈 시인에게 이건 추리가 아니냐고 되물었다. 이런 현상을 무어라 말할 것인가. 不二의 세계로 들게 하려는 화 자의 의도를 읽을 수 있다. '막다른골목(A)/ 뚫린골목(Ā)' 에서 '막다른골목(A)=뚫 린골목(Ā)' 으로 선의 세계인 우리가 떠나온 환지본처(還至本處)를 그리고 있다는 생 각을떨칠 수 없다.

는 시행은 '손에 컵을 쥐고 있는 현실의 팔(A)과 사기컵을 파괴하는 팔(Ā)'이 동시에 존재함을 말합니다. 이 표현은 위에서도 지적하였듯이 '현실적인 팔(A)=환상적인 팔(Ā)'이어서 선시의 적기수사법인 A=Ā의 표현법이 됩니다. 현실이 환상이고 환상의 세계가 현실의 세계일 수 있는 우리 존재의 양태인 총체적인 표현이라 할 수 있습니다.

위의 시에서 현실의 "내팔은그사기컵을死守하고있으니散散이깨어진것은그럼그사기컵과흡사한내骸이다"란 시행에서 곧 마룻바닥에 깨어져 흩어진 것은 환상적인 사기컵이며, 이 사기컵이 화자의 뼈와 동일시됨을 말합니다. 이것은 1행의 "그사기컵은내骸骨과흡사하다"는 전략적인 진술에 의해 가능해집니다. 곧 '현실적 사기컵(현실적 팔)/환상적 사기컵(환상적 팔)'으로 상호 대립됩니다. 이것은 '긍정적 관계/부정적 관계'의 대립으로도 읽힐 수 있습니다. 특히 이승훈은 화자가 '환상적 사기컵'을 '화자의 해골'과 동일시함으로써 '현실/환상', '의식/무의식'의 변증법적 종합을 성취하려는 초현실주의적 기법의 전형으로 드러난다10)고 갈파하고 있습니다.

필자의 생각으로도 화자는 '현실적 사기컵(현실적 팔(A))=환상적 사기컵(환상적 팔(Ā))'으로 전략적 시작을 하고 있습니다. 곧 선시의 적기수사법인 '선시의 반상합도', '선시의 초월은유', '선시의 무한실상'의 도식인 'A는 A가 아니므로 그 이름이 A다'하는 A=Ā의 세계를 그린다고 볼 수 있습니다. A와 Ā의 두 세계를 동시에 포함하면서 내적 속성을 초월하며 선시의 적기 수사법으로 결정된 정상定相을 해체하고 본래의 세계인 자성본원自性本源인 A=Ā의 수승된 세계를 첨가하고 있다고 봅니다.

우리는 전통 시 경향과는 전혀 다른, 우리나라의 1930년대 아방가르드시를 대표하며, 전통시단의 시와 극명하게 대립된다고 느껴지는 이상의 시 두 편을 살펴보았습니다.

---

10) 이승훈, 앞의 책, 43~44쪽 참조.